我国教育信息化建设与应用
Woguo Jiaoyu Xinxihua Jianshe yu Yingyong

现状调研与战略研究报告
Xianzhuang Diaoyan yu Zhanlüe Yanjiu Baogao

"教育信息化建设与应用研究"课题组

高等教育出版社·北京
HIGHER EDUCATION PRESS BEIJING

图书在版编目(CIP)数据

我国教育信息化建设与应用现状调研与战略研究报告/"教育信息化建设与应用研究"课题组著.—北京:高等教育出版社,2010.9
　ISBN 978-7-04-030469-5

　Ⅰ.①我… Ⅱ.①教… Ⅲ.①信息技术-应用-教育工作-研究-中国 Ⅳ.①G52

中国版本图书馆CIP数据核字(2010)第151167号

策划编辑	曹　园	责任编辑	魏　芳	封面设计	于　涛
版式设计	余　杨	责任校对	王效珍	责任印制	张泽业

出版发行	高等教育出版社	购书热线	010-58581118	
社　　址	北京市西城区德外大街4号	咨询电话	400-810-0598	
邮政编码	100120	网　　址	http://www.hep.edu.cn	
			http://www.hep.com.cn	
经　　销	蓝色畅想图书发行有限公司	网上订购	http://www.landraco.com	
印　　刷	三河市华润印刷有限公司		http://www.landraco.com.cn	
		畅想教育	http://www.widedu.com	
开　　本	787×960　1/16	版　　次	2010年9月第1版	
印　　张	6	印　　次	2010年9月第1次印刷	
字　　数	110 000	定　　价	15.30元	

本书如有缺页、倒页、脱页等质量问题,请到所购图书销售部门联系调换。

版权所有　侵权必究
物料号　30469-00

序

　　教育信息化是国民经济和社会信息化的重要组成部分，是教育现代化的重要标志，是构建现代国民教育体系、形成学习型社会的内在要求，是推动教育思想、观念、模式、内容和方法全面创新和深刻变革的重要手段。21世纪头二十年是我国现代化建设的战略机遇期，教育信息化发展必须走在国民经济与社会信息化发展的前列，成为率先实现教育现代化的突破口。教育部教育改革和发展战略与政策研究重大课题——"教育信息化建设与应用研究"就是在此背景下开展的。

　　课题组成立了总体专家组，由华中师范大学杨宗凯教授任组长，下设三个工作组和协作组。各位专家根据自身从事领域的不同，分别参加三个工作组的工作，各工作组负责分工推进各自研究任务。教育部科技司、财务司对该课题给予了高度的重视，有关负责同志参与了课题的组织和研讨。

　　课题研究的目的是学习领会党的十七大会议精神，深化教育信息化建设与应用工作，掌握我国教育信息化建设与应用实际状况，提出切实可行的发展战略、发展思路、发展目标、实施重点和步骤建议，为教育部的工作提供决策参考。

　　课题研究的成果主要包括三部分内容，即《我国教育信息化建设与应用专题研究报告》、《教育信息化建设与应用标准及规范汇编》和《我国教育信息化建设与应用现状调研与战略研究报告》。课题在分析发展现状和存在问题的基础上，根据教育信息化科学发展的要求，提出我国教育信息化发展、建设的一般通用标准和实施规范，归纳并形成具体实施规范和标准提案汇编。在总结教育信息化发展实践并借鉴国外经验的基础上，提出今后一个时期我国教育信息化建设和应用项目、组织和实施建议报告。这些结果对于研究适合我国国情的教育信息化建设理论和模型具有重要作用；对于指导我国教育信息化的发展方向和策略具有重要的实际意义；对于提升我国教育信息化发展水平、实现教育信息化理论创新具有现实效果。

　　由于部分地区的特殊性和研究经费等方面的原因，本次调研并未完全覆盖全国所有的地区，数据有一定的代表性，基本能说明整体的情况，但不能全面反映全国各个地区的具体情况。因此,本次调研还存在一些不足,希望在以后的工作中能够再接再厉,得到更具体、更全面的研究成果。

  课题的研究还得到了有关省市自治区教育部门、高校和中、小学等方面的积极配合和大力支持,在此表示诚挚谢意。

谢焕忠
2010年3月5日

前　　言

2008年2月22日,教育部科技司在教育部组织召开了"教育部教育改革和发展战略与政策研究重大课题——'教育信息化建设与应用研究'启动工作会",华中师范大学国家级数字化学习工程技术研究中心建成并开通课题工作网站,正式宣告"教育信息化建设与应用研究"课题工作开始。课题组成立了3个工作组:**第1工作组——调研组**,负责我国教育信息化的实证调研工作;**第2工作组——标准组**,负责梳理国内外与教育信息化相关的标准;**第3工作组——规划组**,负责制定我国未来教育信息化的发展战略规划。

从课题启动至今,课题组在北京、上海、广州、武汉等地共召开5次全体会议和6次小组专题研讨会,累计350多人次的专家与学者参会,会议代表来自教育部科技司、我国著名的18所高校、中央电教馆、中国教育电视台等多方组织和机构。调研的范围遍及全国(除香港特别行政区、澳门特别行政区、台湾省、西藏自治区之外)的3 091所中小学、1 160所高校、875家教育行政部门。共发放问卷13 357份,回收问卷6 203份,问卷回收率为46.44%。

本课题在规定的时间内圆满并超额完成研究任务,课题申报表中原定需完成教育信息化基础设施建设与应用状况调研报告、教育信息化资源建设与应用状况调研报告、教育信息化关键技术攻关与实际应用状况调研报告、教育信息化标准/规范建设与应用状况调研报告、教育信息化管理机制调研报告、教育信息化人才培养状况调研报告共6个研究报告,目前我们已在这6个方面,分别从高等教育和基础教育两个不同的视角,描述我国高等教育信息化和基础教育信息化的现状,在此基础上,形成了我国教育信息化建设与应用战略研究报告,并将上述内容整合到我国教育信息化建设与应用现状调研报告中。课题组还另外增加了10个专题领域的研究,最终形成涵盖高等教育信息化、基础教育信息化、数字图书馆、数字博物馆、教育电子政务、CERNET、ChinaGrid、CEBSat、现代远程教育、中国教育软件产业现状、国外教育信息化调研和教育信息化标准调研等12个专题的我国教育信息化建设与应用现状专题报告。同时,还编制了教育信息化建设与应用标准及规范汇编。

通过各工作组成员精诚合作以及被调研单位全力配合,课题组取得了一系列的成绩,具体表现在以下几个方面。

(1) 编写了12个具有实证研究支持的、内容翔实的专题研究报告,为形成

我国教育信息化发展战略研究报告奠定了基础。 第 1 工作组分 12 个研究专题，对我国教育信息化建设与应用现状展开了一次较为全面的调研，掌握了第一手的可靠数据和资料，这是我国首次以教育部的名义开展如此大规模、涉及面广泛的调研工作，形成了 12 个内容翔实、具有实证研究支持的专题研究报告，为战略规划(第 3 工作组)的研究奠定了坚实的基础。

(2) 构建了国家教育信息化统计指标，保障我国教育信息化的可持续发展。 课题组所提出的个人计算机数、多媒体教室座位数、信息化设备总价值、网络信息点数、校园网出口总带宽、学校电子邮件系统用户数、上网课程数、图书馆电子资源数、学校管理信息系统数据总量、从事信息化工作人数、参加信息化培训人次、年度信息化经费投入等 12 个具有教育信息化特征的统计指标，被国家统计部门纳入我国高校教育和基础教育的统计指标体系，为我国教育信息化的可持续发展提供了有力的监控和保障。

(3) 梳理了国内外教育信息化领域的标准与规范，促进教育信息化标准的推广与应用。 第 2 工作组整理了当前国内外教育信息化领域的标准与规范，汇编了与我国教育信息化相关的所有国家标准、地方及行业标准、标准草案以及国外标准组织发布的教育信息化标准和规范，为我国教育信息化标准的研制、应用和推广提供了指导和参考。

(4) 编制了我国教育信息化发展的战略研究报告，为编制国家中长期教育改革和发展规划纲要提供重要的依据。 第 3 工作组在前期研究的基础上，编写了我国教育信息化建设与应用战略研究报告，为编制我国中长期教育改革与发展规划纲要提供了重要的参考和依据。

课题组最终研究成果主要由以下三部分组成。

(1)《我国教育信息化建设与应用现状调研与战略研究报告》

该报告共分两篇，即**教育信息化建设与应用现状调研报告**和**教育信息化建设与应用战略研究报告**。其中教育信息化建设与应用现状调研报告分为五章：**第一章背景**，介绍课题背景和基线调研背景；**第二章基线调研设计**，介绍调研内容与范围及调研计划与执行；**第三章发展现状分析**，分析基础设施、数字资源体系、信息化教育与应用、教育电子政务、标准化建设、关键技术研究、信息化保障机制、信息化人才培养和教育软件产业等的发展现状；**第四章存在的主要问题**，分析了我国教育信息化建设与应用存在的问题；**第五章政策建议**，提出了我国教育信息化未来发展的对策与建议。教育信息化建设与应用战略研究报告分为六章：**第一章教育信息化定位与战略研究框架**，介绍教育信息化定位及教育信息化战略研究框架；**第二章我国教育信息化发展状况的基本分析**，就基础设施建设、数字化教育资源建设、关键应用、人才培养、管理及政策机制和总体水平及基本经验进行了比较和分析；**第三章我国教育信息化发展的历史机遇与发展瓶颈**，介绍我国教育信息化面临的历史新机遇、信息技术发展加速教育信息化进程和教育信息化深化发展需要消除的主要瓶颈；**第四章教育信息化发展规划的原则与目标选择**，介绍战略规划要解决的重点问题和规划原则、战略方针的确定和总体目标选择；**第五章战略任务以及战略突破口**，包括战略任务总体描述、高等教育信息化、职业教育信息化、基础教育信息化、教育服务信息化和战略推进的关键环节和战略突破口；**第六章实现战略规划的保障条件**，包括领导力保障、经费投入保障、人才队伍保证、监测与评价制度保证和教育信息化产业环境支持。

(2)《我国教育信息化建设与应用专题研究报告》

该调研报告分为**基础教育信息化调研**、**高等教育信息化调研**和**专项调研**三部分，其中专项调研又包括数字图书馆、数字博物馆、教育电子政务、CERNET、ChinaGrid、CEBSat、现代远程教育、中国教育软件产业现状、国外教育信息化调研和教育信息化标准调研 10 个调研，即 3 个部分共 12 章，从各个方面描绘了我国教育信息化的发展状况。

(3)《教育信息化建设与应用标准及规范汇编》

该部分汇编了我国目前与教育信息化相关的国家标准、地方及行业标准、标准草案，其中我国国家标准组谱包括：

数字教育指导类标准

学习资源类标准

学习者信息类标准

学习环境类标准

教育管理类标准

中国教育和科研计算机网（CERNET）相关技术标准与规范

中国教育卫星宽带传输网技术规范

电子计算机场地通用规范（GB/T 2887—2000）

中国数字图书馆标准与规范

中国数字博物馆标准

电子政务相关标准

中小学教师教育技术能力标准

该部分还汇编了国际标准化组织或行业的标准：IMS 系列行业标准、IEEE LTSC 系列工业标准、ISO/IEC 系列标准、ADL SCORM 规范、AICC 规范。

总体来说，本次研究具有很大的创造性和前沿性，它既是原创性的我国教育信息化现状的实证研究,又是首创性的国内外教育信息化标准汇编,更是前瞻性的我国教育信息化战略研究。

华中师范大学副校长　杨宗凯

2010 年 3 月 30 日

"教育信息化建设与应用研究"
课题组成员名单

课题组负责人：
　　谢焕忠，教育部科学技术司司长

课题组组长：
　　杨宗凯，华中师范大学副校长，教授

课题组主要成员：（按姓氏笔画排名）
　　王涛，中国教育电视台技术总监，高级工程师
　　王珠珠，中央电化教育馆副馆长，高级工程师
　　尹霞，清华大学信息化工作办公室副主任，副教授
　　史元春，清华大学计算机系人机交互与媒体集成研究所所长，教授
　　冯吉兵，教育部科技司信息化处干部
　　刘臻，北京师范大学信息网络中心主任，副教授
　　刘玉光，教育部财务司预算与审计处处长
　　刘清堂，华中师范大学信息技术系教授
　　吴砥，华中科技大学电子与信息工程系讲师
　　汪虹，华中师范大学国家数字化学习工程技术研究中心常务副主任
　　汪琼，北京大学现代教育技术中心主任，教授
　　张屹，华中师范大学信息技术系教授
　　张计龙，复旦大学图书馆副馆长
　　张永强，中山大学信息与网络技术中心网络与系统总监
　　张景中，中国科学院院士，华中师范大学教授
　　陈凌，北京大学图书馆副馆长，教授
　　林怀忠，浙江大学计算机学院副教授
　　罗军舟，东南大学计算机科学与工程学院院长，教授
　　金海，华中科技大学计算机学院院长，教授
　　郑莉，清华大学计算机系副教授
　　郑庆华，西安交通大学网络教育学院院长，教授
　　宓詠，复旦大学信息化办公室主任，教授
　　胡长军，北京科技大学信息工程学院副院长，教授
　　娄晶，教育部科学技术司副司长

祝智庭,华东师范大学网络教育学院院长,教授
袁芳,清华大学计算机与信息管理中心运行服务室副主任,工程师
徐士进,南京大学多媒体科教中心主任,教授
郭清顺,中山大学信息与网络技术中心主任,研究员
黄荣怀,北京师范大学教育学部副部长,教授
蒋东兴,清华大学计算机与信息管理中心主任,副研究员
曾德华,教育部教育管理信息中心总工程师

目 录

第一篇 教育信息化建设与应用现状调研报告

摘要 ………………………………………………………………………………… 2

第一章 背景 ………………………………………………………………… 3
1.1 课题背景 ……………………………………………………………… 3
1.2 基线调研背景 ………………………………………………………… 4

第二章 基线调研设计 ……………………………………………………… 5
2.1 调研内容与范围 ……………………………………………………… 5
2.2 调研计划与执行 ……………………………………………………… 7

第三章 发展现状分析 ……………………………………………………… 9
3.1 基础设施建设有了较快发展 ………………………………………… 9
3.2 数字资源体系雏形基本形成 ………………………………………… 11
3.3 信息化教育与应用取得一定成效 …………………………………… 12
3.4 教育电子政务蓬勃发展 ……………………………………………… 13
3.5 标准化建设、关键技术研究取得较大进展 ………………………… 14
3.6 信息化保障机制建设逐步得到重视 ………………………………… 15
3.7 信息化人才培养得到较大发展 ……………………………………… 16
3.8 教育软件产业走上市场化发展之路 ………………………………… 16

第四章 存在的主要问题 …………………………………………………… 18
4.1 对信息化战略地位认识不足，缺乏统筹与总体规划 ……………… 18
4.2 管理体制条块分割，缺乏强有力的协调与管理 …………………… 18
4.3 资金投入不足，缺乏长效投入保障机制 …………………………… 19
4.4 基础设施建设不均衡，管理水平和使用效率低 …………………… 19
4.5 信息化人才队伍短缺，信息素养有待提高 ………………………… 19
4.6 应用水平不高，与教学科研结合不紧密 …………………………… 20
4.7 优质教育信息资源缺乏，整合难度大 ……………………………… 20
4.8 教育软件产业前景广阔，但发展缓慢且面临诸多问题 …………… 21
4.9 标准建设与应用明显滞后，标准采用率低 ………………………… 21

第五章 政策建议 …………………………………………………………… 22
5.1 建立可持续发展的教育信息化组织保障体系 ……………………… 22

- 5.2 建立多元化的教育信息化经费投入机制 …………………………… 23
- 5.3 大力推动信息技术与教育发展的融合 ……………………………… 23
- 5.4 建立教育信息化资源共享机制 ……………………………………… 24
- 5.5 建立教育信息化创新人才队伍的培养激励机制 …………………… 24
- 5.6 加强教育信息化技术标准规范体系建设 …………………………… 24
- 5.7 加强研究提升教育软件的品质 ……………………………………… 25

第二篇　教育信息化建设与应用战略研究报告

摘要 ……………………………………………………………………………… 28

第一章　教育信息化定位与战略研究框架 …………………………………… 30
- 1.1 教育信息化定位 ……………………………………………………… 30
- 1.2 教育信息化战略研究框架 …………………………………………… 31

第二章　我国教育信息化发展状况的基本分析 ……………………………… 33
- 2.1 现状对比分析维度 …………………………………………………… 33
- 2.2 教育信息化基础设施建设情况 ……………………………………… 34
- 2.3 数字化教育资源建设情况 …………………………………………… 39
- 2.4 教育信息化关键应用情况 …………………………………………… 43
- 2.5 教育信息化人才培养 ………………………………………………… 47
- 2.6 教育信息化管理及政策机制 ………………………………………… 50
- 2.7 我国教育信息化发展的总体水平和基本经验 ……………………… 53

第三章　我国教育信息化发展的历史机遇与发展瓶颈 ……………………… 57
- 3.1 我国教育信息化面临的历史新机遇 ………………………………… 57
- 3.2 信息技术发展加速教育信息化进程 ………………………………… 58
- 3.3 教育信息化深化发展需要消除的主要瓶颈 ………………………… 61

第四章　教育信息化发展规划的原则与目标选择 …………………………… 63
- 4.1 战略规划要解决的重点问题和规划原则 …………………………… 63
- 4.2 战略方针的确定和总体目标选择 …………………………………… 65

第五章　战略任务以及战略突破口 …………………………………………… 68
- 5.1 战略任务总体描述 …………………………………………………… 68
- 5.2 高等教育信息化 ……………………………………………………… 68
- 5.3 职业教育信息化 ……………………………………………………… 70
- 5.4 基础教育信息化 ……………………………………………………… 70
- 5.5 教育服务信息化 ……………………………………………………… 72
- 5.6 战略推进的关键环节和战略突破口 ………………………………… 72

第六章 实现战略规划的保障条件 ··· 76
 6.1 领导力保障 ··· 76
 6.2 经费投入保障 ·· 76
 6.3 人才队伍保证 ·· 77
 6.4 监测与评价制度保证 ··· 77
 6.5 教育信息化产业环境支持 ·· 80

第一篇

教育信息化建设与应用现状调研报告

摘　　要

本课题调研采用基线调研方法,对我国基础教育、高等教育以及各教育信息化专项(包括数字图书馆、数字博物馆、教育电子政务、现代远程教育、CERNET、ChinaGrid、CEBSat、中国教育软件产业现状等)在全国范围内进行了抽样调查,内容涉及基础设施、信息资源、应用系统、人员培训、标准规范、管理体制、运行机制等方面。

调研结果表明,我国教育信息化经过近20年的建设取得了重要进展,各方面建设成绩显著:基础设施建设有了较快发展;数字资源体系雏形基本形成;信息化教育与应用取得一定成效;教育电子政务蓬勃发展;标准化建设、关键技术研究取得较大进展;信息化保障机制建设逐步得到重视;信息化人才培养得到较大发展;教育软件产业走上市场化发展之路。但是,与我国教育事业的快速发展对教育信息化的迫切需求相比,我国教育信息化目前还存在着巨大的差距,归纳起来存在如下问题:对信息化战略地位认识不足,缺乏统筹与总体规划;管理体制条块分割,缺乏强有力的协调与管理;资金投入不足,缺乏长效投入保障机制;基础设施建设不均衡,管理水平和使用效率低;信息化人才队伍短缺,信息素养有待提高;应用水平不高,与教学科研结合不紧密;优质教育信息资源缺乏,整合难度大;教育软件产业前景广阔,但发展缓慢且面临诸多问题;标准建设与应用明显滞后,标准采用率低。

为此,本报告提出了建立可持续发展的教育信息化组织保障体系、建立多元化的教育信息化经费投入机制、大力推动信息技术与教育发展的融合、建立教育信息化资源共享机制、建立教育信息化创新人才队伍的培养激励机制、加强教育信息化技术标准规范体系建设等一系列政策建议,以期促进我国教育信息化的健康发展。

第一章
背　　景

1.1　课题背景

教育信息化是国民经济和社会信息化的重要组成部分,是教育现代化的重要标志,是构建现代国民教育体系、形成学习型社会的内在要求,正推动着教育思想、观念、模式、内容和方法的全面创新和深刻变革。教育信息化贯穿于教育发展全过程,对优化教育结构,合理配置教育资源,缩小东西部、城乡教育差距,提高教育质量和管理水平,提高教育投资效益,推进素质教育和培养创新人才起着积极的促进作用。以教育信息化带动教育现代化,实现教育跨越式发展,已成为我国教育事业发展的战略选择。21世纪头二十年是我国现代化建设的战略机遇期,教育信息化发展必须走在国民经济与社会信息化发展的前列,成为率先实现教育现代化的突破口。

我国十分重视教育信息化建设,"十五"期间,教育部成立了教育部部长任组长的教育信息化领导小组,组织协调全国教育信息化发展与管理方面的重大问题,确立了教育信息化在教育改革与发展中的重要地位。在"985工程"、"211工程"、《面向21世纪教育振兴行动计划》、《2003—2007年教育振兴行动计划》等重大规划和建设中,对教育信息化建设给予了重点支持,使我国的教育信息化取得了显著进展,以中国教育和科研计算机网(CERNET)和中国教育卫星宽带传输网(CEBSat)为代表的基础设施建设已打下良好基础,以精品课程和大学数字博物馆为代表的资源体系初步形成,以学生招生就业服务为代表的教育电子政务服务体系开始取得成效,关键技术研究取得重大突破,应用效果逐步显现,信息化人才培养规模不断扩大,教育信息化技术标准建设成绩显著。但是,我国教育信息化建设还存在一些问题,突出表现在教育信息化管理体制不顺,政出多门、缺乏整体考虑、重复建设等现象依旧存在,教育信息化实际统计数据缺乏,造成管理、决策困难等方面。

针对当前我国教育信息化发展状况,进行教育信息化建设与应用方面的专门调研和研究是很有必要的。为此,在教育部教育改革和发展战略与政策研究重大课题中,特设置"教育信息化建设与应用研究"子课题,对我国教育信息化建设与应用现状进行全面调研。

1.2　基线调研背景

我国教育信息化发展很快,但是教育信息化发展状况数据缺乏统一的统计机制,教育信息化的多头管理直接导致了数据统计缺乏系统性,教育信息化发展状况真实数据难以准确统计。多次教育振兴行动计划、中长期教育发展规划、2020教育发展纲要等教育信息化发展方案的制订过程,充分暴露了该问题的严重性。教育信息化发展状况第一手统计数据的缺乏,直接导致了教育信息化管理机构决策困难,决策过程缺乏切实有效的具体数据依据。

此外,我国教育信息化基础设施建设和信息化教育资源开发已经具有相当的规模,但是教育信息化建设效果究竟如何,当前还没有有效的评估机制。教育信息化应用系统的开发和应用已经在全国范围内各级各类教育机构中广泛展开,但是系统使用效果如何,服务质量怎样评价,尚无有效策略。掌握教育信息化建设效果,了解一线用户的实际使用反馈情况,对于制定教育信息化发展策略,引导教育信息化发展方向都具有重要作用。

基于此,有必要对我国教育信息化建设与应用现状进行一次全面的调研,以摸清我国教育信息化发展现状,掌握第一手材料和可靠统计数据,分析当前我国教育信息化实际建设状况和应用效果,为今后五年教育信息化发展关键期的战略决策提供依据。

本次调研进行了大范围的问卷调查,获取了大量的原始数据。在本调研报告中,凡没有明确指明出处的数据,都是本次调研数据统计分析后的结果数据。

第二章
基线调研设计

2.1 调研内容与范围

本次调研共三个部分:基础教育(包括小学、中学、中职)、高等教育(包括大学、学院、高职)和其他(包括数字图书馆、数字博物馆、教育电子政务、现代远程教育、CERNET、ChinaGrid、CEBSat 等以及中国教育软件产业现状)。

基础教育信息化调研主要采用问卷调研与文档调研的方式。调研内容涉及基础设施建设及其应用情况、资源建设及其应用情况、应用系统建设与应用情况、信息技术教育与学科应用情况、人员(教师与学生)技能建设情况、管理体制及运行机制情况等六个方面。调研地区为 41 个区县,分布于北京市、吉林省、甘肃省、湖南省、山东省、浙江省、海南省,从地域范围上基本覆盖我国东部、中部和西部各类地区。调研学校中,82%的学校位于乡镇农村地区,18%的学校位于城市地区,本次调研共回收问卷 3 091 份。

高等教育信息化调研主要采用问卷调查和走访与座谈的方式。调研内容为客观数据调查(包括基础设施建设及应用情况、资源建设及应用情况、应用系统建设及应用情况、标准规范建设及应用情况、管理体制及运行机制情况等五个方面)和应用效果主观感受调查(包括学校及信息化部门情况分析、学校信息化应用情况分析、学校信息化的实施效果及评价等三个方面)。调查范围涉及全国 10 个省(市、自治区)的全部高校(含高等职业技术学院)。这 10 个省(市、自治区)分别是北京市、上海市、广东省、湖南省、湖北省、陕西省、甘肃省、内蒙古自治区、云南省、吉林省,从地域范围上覆盖了我国东北、华北、华东、华南、西北、西南等各大行政区,从社会经济发展状况方面覆盖了发达地区、欠发达地区和落后地区,具有较强的典型意义。本次调研回收的调查表中,学校信息化客观数据调查表有效份数 335 份,应用效果的主观感受调查表 825 份,并在广东省、甘肃省、云南省、吉林省针对部分高校进行了走访与座谈。

数字图书馆调研分为高校"单体数字图书馆"调研和 CADLIS("中国高等教

育数字图书馆"建设项目)、CASHL(教育部"中国高校人文社会科学文献中心")三部分。高校"单体数字图书馆"调研内容包括基础设施建设及其应用情况、文献资源建设及其应用情况、应用系统建设及应用情况、共建共享与合作、应用效果主观评价等五个方面,采用问卷调查模式进行,调查范围为14个省(市、自治区),回收有效问卷150份。对CADLIS的调研来自《CADLIS"十五"建设项目验收总结》和CADLIS管理中心的工作报告,对CASHL的调研采用实地访谈和分析其各类工作总结报告的方法,所有调研结果均来自于第一手资料。

数字博物馆调研采用文献调研、问卷调研相结合的方式。调研内容包括各高等学校的数字博物馆建设现状、技术路线、应用情况以及发展潜力等方面。调研共回收了100多家大学博物馆或类似设施的材料(包括馆藏简介、学科背景、藏品数量及特色、开放程度、藏品数字化程度和网上展出等),以及244家高校以问卷调查的形式反馈的数字博物馆建设及应用情况。另外,本次调研还着重分析了数字博物馆建设开展较早的18家高校的技术路线,反映了目前国内数字博物馆建设的关键技术和存在的主要问题。

教育电子政务调研采用问卷调查的方式。调研内容包括信息基础设施建设、应用系统、电子政务工作组织与管理、电子政务保障体系、电子政务投入与应用效果等五个方面。调研范围为全国31个省级教育行政部门、5个计划单列市教育行政部门、新疆生产建设兵团教育局和65个地(市)及下属的774个县(市、区)教育行政部门,回收有效问卷486份。县(市、区)教育行政部门样本覆盖东北、北部沿海、东部沿海、南部沿海、黄河中游、长江中游、西南、西北等全国8个经济区域(港澳台地区除外)。每个经济区域分别按照本区域县(市、区)的数量所占全国总数比例确定区域样本量。

现代远程教育调研主要采用文献分析的方式,并参考相关项目研究成果。调研内容分为中小学现代远程教育建设项目和高校现代远程教育试点项目两部分。中小学现代远程教育建设项目部分分析了国内中小学现代远程教育建设项目的总体建设与应用情况,调研内容涉及硬件建设情况、资源建设情况、教师培训情况、信息化教学应用情况等。调研数据主要来源于教育部官方网站上公布的统计数据,以及项目办公室内部统计数据。高校现代远程教育试点项目部分的数据主要引自教育部《2007年度全国试点高校现代远程教育年报年检数据分析报告》,内容涉及全国68家网络教育学院的基本情况(招生规模、学科结构、学习者、从业人员、教学模式、资源开发、公共服务体系、教育质量等方面)。

CERNET调研内容包括传输网、主干网、国内国际互连、接入网、核心节点环境以及网络管理与安全情况等方面。本次调研分别对全国网络中心、地区网络中心、省教育科研网络中心的38个主节点和随机抽取的近80所校园网网络中心进行了调查,通过采集网络流量分析网络使用数据、电话调查、邮件调查等方式进行信息采集。

ChinaGrid 调研内容包括网格资源环境、网格服务平台和网格应用情况三大方面,基本涵盖了网格建设状况的各个方面。本专项调研共面向全国高校发放调研问卷 244 份(以校为单位发放),回收有效问卷 228 份。

CEBSat 调研内容为 CEBSat 前端系统应用调研(包括 CEBSat 系统建设、系统管理、系统应用等)和 CEBSat 终端应用调研(包括用户数量、站点应用、资源使用、发展需求等)。CEBSat 前端系统应用调研主要采用文档查询、系统监测分析、运行记录分析等办法,CEBSat 终端应用调研主要采用问卷调研、专家咨询等办法,问卷调查共回收有效问卷 740 份。

中国教育软件产业现状调研的数据主要通过各省市"中小学电教软件推荐目录"分析、教育软件公司访谈、政府相关文件文献收集、网上调查等各种方式获得。调研内容包括国内教育软件和资源建设基本状况、当前数字化资源的基本形态、国家投资建设的数字化资源和教育软件、主要教育软件和教育资源企业与典型产品、资源建设及软件研发遇到的问题与挑战等方面。

2.2 调研计划与执行

具体调研计划分为五个阶段,每个阶段都有明确的责任人,并且严格按照计划实施。自 2008 年 2 月 22 日第一次工作会议正式启动本课题后,2008 年 5 月 26 日第二次工作会议讨论审议了调研方案和指标体系;2008 年 7 月 14 日第三次工作会议对调研工作进行了中期检查;2008 年 9 月 9 日第四次工作会议听取了各调研小组工作进展汇报,并提交了初步的调研报告;2008 年 11 月 11 日第五次工作会议对总报告和分报告进行了认真的审议。

具体调研计划如下:

(1) 工作计划与队伍组织
- 时间:2008 年 2—3 月。
- 工作内容:明确课题目标与任务,制定研究计划,完成课题研究队伍组建,完成调研内容设计与任务分解、分配。
- 责任人:蒋东兴、黄荣怀。

(2) 调研方案设计与指标体系设计
- 时间:2008 年 4—5 月。
- 工作内容:完成各分项调研方案设计和调研指标体系设计。
- 里程碑:调研方案与指标体系通过课题组会议评审。
- 责任人:各分项负责人。

（3）调研实施与数据统计
- 时间：2008年6—9月。
- 工作内容：根据调研方案与指标体系，完成各分项数据调研与统计分析。
- 里程碑：提交各分项调研数据与统计分析报告。
- 责任人：各分项负责人。

（4）综合分析与报告撰写
- 时间：2008年10—11月。
- 工作内容：根据各分项调研数据与统计分析报告进行汇总、综合分析，并撰写最终的分析报告。
- 里程碑：完成最终报告。
- 责任人：蒋东兴、黄荣怀。

（5）报告出版与项目总结
- 时间：2008年12月。
- 工作内容：完成最终版本的出版稿，进入出版程序；总结出我国教育信息化建设与应用现状绿皮书的编撰规范与内容体例。
- 里程碑：出版报告，编撰规范与内容体例通过课题组会议评审。
- 责任人：蒋东兴、黄荣怀。

此外，针对分项调研工作，都确定了相应的负责人。
- 基础教育部分：负责人黄荣怀、王珠珠；
- 高等教育部分：负责人宓詠、蒋东兴、郭清顺；
- 数字图书馆：负责人陈凌；
- 数字博物馆：负责人徐士进；
- 教育电子政务：负责人曾德华；
- CERNET：负责人尹霞；
- ChinaGrid：负责人金海；
- CEBSat：负责人王涛；
- 现代远程教育：负责人黄荣怀；
- 国外教育信息化：负责人祝智庭；
- 中国教育软件产业现状：负责人黄荣怀。

第三章
发展现状分析

教育信息化是国民经济和社会信息化的重要组成部分,教育部一直十分重视教育信息化建设。在"985 工程"、"211 工程"、《面向 21 世纪教育振兴行动计划》、《2003—2007 年教育振兴行动计划》等重大规划和建设中,教育部对教育信息化建设均给予了重点支持,使我国的教育信息化取得了显著进展。

3.1 基础设施建设有了较快发展

中国教育和科研计算机网(CERNET)与中国教育卫星宽带传输网(CEBSat)覆盖全国、互连互通,初步形成了"天地合一"(即天网与地网合一。天网指主要依托中国教育卫星宽带网,开通我国现代远程教育卫星数字专用频道;地网指主要依托互联网和有线电视网,构建我国现代远程教育体系。)的现代远程教育传输网络,成为教育信息化的重要基础设施和构建学习型社会的重要平台。

CERNET 连接了分布在 200 多个城市的大学、教育机构、科研单位 2 000 多个,用户超过 2 000 万人,已成为世界上最大的国家学术互联网。主干网传输速率达到 2.5~10 Gbps,地区主干网速率达到 $N \times 155$ Mbps~2.5 Gbps,覆盖全国 32 个省(市、自治区)的 36 个城市,核心节点的接入能力达到 1~10 Gbps。CERNET 与国内其他互联网互连带宽为 25.7 Gbps,国际互连总带宽为 11.9 Gbps。

CEBSat 目前承载我国四大国家级卫星远程教育工程,拥有登记注册的集体接收终端站点 65 万多个,站点覆盖了我国几乎所有省市,特别是广大西部、偏远农村和边疆海岛地区,已发展成为我国乃至全世界应用规模最大的公益性卫星远程教育专业服务网。CEBSat 是我国广大西部及农村偏远地区教育信息化建设的重要组成部分,全国农村中小学现代远程教育工程、全国农村党员干部现代远程教育工程、军队远程教育服务平台等都是依托 CEBSat,其中约有 23% 的站点同时接入互联网,是广大西部及农村偏远地区主要的教育信息化基础传输体系,也是我国唯一覆盖部队的卫星教育信息化基础传输体系。CEBSat 在 2003

年 SARS 期间和 2008 年汶川大地震期间开展应急教育,具备了教育信息化应急教育的能力。

中国教育科研网格 ChinaGrid 取得重大进展。通过自主研发的网格公共支撑平台 CGSP,集成了分布于全国 13 个省市 20 所重点高校的计算、存储、数据、软件等信息资源,建立了聚合计算能力达到 16 万亿次、存储能力达到 180 TB 的网格环境,并开发部署了一系列具有重要影响的典型网格应用,整体规模与核心技术均达到国际先进水平。ChinaGrid 已成为全国高校公共服务体系的重要基础设施,为重大科学研究和学科建设提供了先进技术手段和重要基础平台。

"高等学校仪器设备和优质资源共享系统"进展顺利,据有关部门统计,已有 56 所高校的 561 台仪器设备信息上网,实现了网上设备预约、作业调度、计费管理、统计分析等功能;4 个高校分析测试中心实现网络化运行,计量认证样品和测试数据实现网上传递。

高等学校已经全部建成了校园网络,校园网在学生宿舍、教学、科研与管理楼宇的覆盖率达到 85.32%,学校无线网覆盖学校公共区域的比例达到 15.82%,学生人均信息点数达 0.677 个;校园网主干带宽达到 656.5 Mbps,出口带宽均值为 336.0 Mbps,出口带宽利用率为 74.58%;高校多媒体教室比例达到 44.40%,师生人均拥有个人计算机 0.628 台。

中等职业学校连网率达 85%,已连网学校的出口带宽均值达 107 Mbps;97.5% 的中等职业学校建有计算机机房,87.5% 建有多媒体教室;生机比为 9∶1,师机比为 2∶1。

基础教育学校中,90% 的学校拥有至少一台以上的计算机;学校连网率达 55%,已连网学校的出口带宽均值为 56 Mbps;56% 的学校建有计算机教室,48% 有多媒体教室;平均生机比为 19∶1,平均师机比为 3∶1。城、乡基础教育学校基础设施存在差异:城市地区学校连网率为 88%,农村地区学校连网率为 48%;城市地区学校平均生机比为 15∶1,平均师机比为 2∶1;农村地区学校平均生机比为 22∶1,平均师机比为 4∶1。

通过农村中小学现代远程教育工程,为中西部地区的 23 个省(市、自治区)以及新疆生产建设兵团配备了教学光盘播放设备 440 142 套、卫星教学接收设备 264 905 套、计算机教室 40 858 个,覆盖了中西部 36 万所农村中小学校。接受国家补助资金建设的江苏、浙江、山东、福建、广东等省也都采取不同的形式,建设了农村中小学现代远程教育环境。目前,已经基本实现了所有农村中小学利用计算机方便地获得每周更新的、由教育部通过卫星播放的教育资源,丰富了教师备课、上课和学生学习、课外活动的内容,使广大农村和边远地区的孩子能够初步感受数字化的魅力。

3.2 数字资源体系雏形基本形成

初步建成了基本满足农村中小学教育教学需要的资源体系、中国高等教育文献保障体系、中国高校人文社科文献中心、中国大学数字博物馆等资源共享服务体系;政府采用招标、投资等多种形式,鼓励企事业单位开发教育资源,促进教育资源的开发与共享,资源建设的有效机制正在形成。

开发了各级各类教育教学资源库,初步建成了国家基础教育资源库(7类资源,36个学科,4 129学时学科知识点教学资源,2 869小时的学习辅导、专题教育和教师培训视频资源,12 507条多媒体教学素材资源,覆盖1~9年级的多种版本教材的教育教学内容)、新世纪网络课程建设(321门)、高等教育精品课程资源库(1 100门)、国家职业教育资源库(130多个网络课程,非学历成人继续教育资源1 804门次)、网络教育课程资源建设(20 834门)、国家教师教育课程资源库、全国教师教育网络联盟的教育资源网站、教师专业发展平台、政务信息资源库、教育管理基础数据库等,在全国范围内形成了一批"远程职业教育资源建设、共享与应用基地"(10个)。

"中国高等教育文献保障系统"CALIS建立了覆盖全国的三级共享服务网络,总共1 005个图书馆加入,其中有560个图书馆不同程度地对外提供共享资源和服务,占成员馆总数的56%。1 005个成员馆中,包括703所教育部本科院校的图书馆,占全部本科院校的93%,并且111所211院校的图书馆均为CALIS成员馆。CALIS建立的联合目录、西文期刊目次数据库等收录了560余家图书馆的257万种图书和3 500余万篇文献;组织高校联合引进近300个数据资源库,包括24 000余种约400万份全文电子期刊,8 557种约30万份会议录,145 052种约120万册电子图书;从国外著名的博硕士学位论文数据库PQDD(ProQuest Digital Dissertations)购买的可共享全文已超过18.5万篇;OCLC netLibrary可访问的外文电子图书已达到12 153册;全国高校专题特色库64个,数据总量已达到了445万多条,发布总量达到了416万条,其中全文数据达到170万条;高校重点学科中文教学参考信息库拥有教参信息50 211条;CADAL(China-America Digital Academic Library)数字化加工了102.3万册中英文图书资料。"中国高校人文社会科学文献中心"(China Academic Social Sciences and Humanities Library,CASHL)拥有的资源包括:国外人文社会科学印本期刊9 148种,超过国外人文社会科学期刊总量的60%,其中包括核心期刊3 326种,完整收藏了SSCI和AHCI收录的核心期刊、电子期刊900多种;"高校人文社会科学期刊目次库"目次数据610万条;人文社会科学外文图书近百万余种;"高校人文社会科学外文图书联合目录"38万种;电子图书26万种。目前已有345所高校和中国社会科学院文献情报中心等9所非高校机构签约成为CASHL成员馆,2.3万人直接注册成为CASHL的个人用户,151家教育部人文社科重点研究基地成为CASHL的团体用户,直接面向服务的最终用户逾百万人。

"大学数字博物馆"建设项目以30所高等院校的10万余件优质教学标本和特色藏品为基础资源,涵盖地球科学、人文科学、生命科学和科学技术四大领域,建成了以图片、动画、音视频等多媒体信息和科学规范的专业描述为主体的数据库,以藏品为知识节点构建了跨学科的立体知识网络,形成多学科融合的数字博物馆体系,为教学提供了丰富的资源支撑,已成为高等教育基础设施的重要组成部分,推进了现代化教学、科研及科普教育,并发展了数字博物馆学新方向。

绝大多数高校已经建立了教学资源库,包含多媒体素材库、多媒体课件库、电子教案库、教学案例库、题库等,53.4%的高校建立了全校统一的教学资源管理平台,校均数字教学资源达618 GB;83.72%的高校建立了电子图书资源,校均电子图书资源达32.2万册。

中等职业学校中,绝大多数学校拥有数字教学资源。校均视频数字教学资源达385小时,校均非视频数字教学资源达269 GB;校均多媒体光盘资源97片,校均电子图书资源6 249册;25%的学校为教师提供了专门的教学资源编辑软件,25%的学校建立了统一的教学资源管理平台;85%的中等职业学校拥有自主开发的数字资源。

基础教育中,数字化资源已成为大多数学校的重要教学资源,71%的学校拥有不同数量、不同形式的数字教学资源。校均视频数字资源达197小时,校均非视频数字资源达79 GB;校均多媒体光盘资源159片,校均电子图书资源11 159册。25%的学校为教师提供了专门的教学资源编辑软件,27%的学校建立了统一的教学资源管理平台。58.5%的学校拥有自主开发的数字资源,说明过半数学校具备一定的资源建设能力。基础教育学科教学的信息技术应用最常用到一些通用的办公软件和课件制作软件,学科专用教学软件的应用较少。在所有的学科专用教学软件中,"几何画板"软件应用范围相对较广,其次是"Science-Word"和应用于物理与化学教学的"仿真实验室"类软件平台。文科的学科专用教学软件相对比理科的少。

3.3 信息化教育与应用取得一定成效

高等学校普遍采用信息技术改进教学方式,采用多媒体教学的课程比例达到53%,52.7%的高校建有网络(辅助)教学平台,采用网络辅助教学的课程比例达到23%;高校学科建设信息化程度进一步提高,18.69%的学校建立有科研项目协作交流平台,18.7%的学校建立有科研知识共享平台,学校统一建设的学科资源库平均数为7.25个。信息化实施效果方面的调研结果显示,89.6%的人认为教育信息化帮助学生、教师获得了更多的学习、教学资源,86.4%的人认为教育信息化提高了课堂教学质量,86.7%的人认为教育信息化帮助教师、科研人员获得更多的科研信息,80.2%的人认为教育信息化提高了科研项目管理水平,89.9%的人认为教育信息化提高了学校的管理水平与工作效率。

中等职业学校中,10%的学校建有网络教学或辅助教学平台;最经常采用信息技术辅助教学的学科依次为英语、语文、数学、综合实践课、专业课、物理、化学。79%的学校反映信息技术的应用对于改进教学效果有"较大的帮助",其中16%的学校认为有"非常大的帮助"。

基础教育中,信息技术课程教育与信息技术的学科应用逐步展开。已有67.5%的学校为学生开设了信息技术课程,学习信息技术课的学生比例达69%。8%的学校建立了网络教学或辅助教学平台,多数教师"较为经常"在备课与课堂中使用信息技术。最经常采用信息技术辅助教学的学科依次为语文、英语、数学、综合实践课、物理、化学。信息技术教学应用效果受到肯定,87%的学校反映信息技术的应用对于改进教学效果有"较大的帮助",其中25%认为有"非常大的帮助"。数学教学中,48%的教师使用信息技术辅助教学;7.6%的学校为数学教学提供了专用的工具或软件,16%的数学教师使用专用数学工具辅助教学(该数据包含了使用实物数学工具的部分比例)。

网络教育稳步发展,已成为职业教育、高等教育和终身学习体系的重要组成部分。截至2006年底,全国设立了国家级远程职业学校2个,省级分校50多所,地级分校660多所,县级分校(站点)5 300个,开展远程培训服务的企业达25家,每年学历和非学历职业教育在学人员近80多万人次;网络高等教育覆盖10个学科门类的180个专业,累计注册学历教育学生667万人,年招生达135万人;培养在职人员专业技术人才和继续教育100多万人次,培养学历教育学生130多万人,开展非学历培训项目培训500多万人次,培养农村学员5.6万人,培养士官学员6万多人;"中西部国家级远程教师培训计划"采用远程教育方式对西部100个县的30多万名初中、小学教师进行了专题性培训;面向社区和学习型社会,初步建设成"数字教育公共服务体系"(3个),并开展了"数字化学习港"项目实践。

3.4 教育电子政务蓬勃发展

教育政务信息化得到初步发展,教育部机关办公信息网基本建成,建立了政务信息服务平台,一批应用系统和专业信息服务系统投入使用;开通了全国职业学校远程评估信息系统,设立了国家级远程职业教育试点学校;陆续开展了网络视频会议、网上合作研究、网上招生录取、网上就业服务、网上学历认证服务等重大应用;以部办公厅为枢纽,初步实现了与省、市、自治区教育行政部门和部属高等学校的政务信息连网交换。

各级教育行政部门基本上都建立了门户网站,88.6%的单位建有政务公开专栏,13.6%的单位提供了网上办事,38.6%的单位实现了政府部门与公众咨询互动;81.8%的单位提供了表格下载等办公办事支持服务。80%的单位建立了内网,32.4%的单位建立了专网。办公及业务应用系统类型较多,覆盖业务范围全面,信息化深度不断加强。超过60%的单位有了邮件系统、信息发布与管理系统、财务管理系统、电子公文交换系统;超过40%的单位有了内部公文流转系统、人事管理系统、设备资产管理系统、招生系统。业务实现信息化平均比例为41.8%,业务信息化深度正不断加强。45.4%的单位在建立电子政务系统后,相对应的业务处理能力提高了60%以上。教育政务信息资源建设逐步展开,各级教育行政部门不同程度地建立了人事、教师、学生、财务、设备、招生、学历、科研等数据库和文件、文献、档案等教育信息资源库,为行政管理和社会服务提供了信息资源支撑。

高等学校电子校务水平持续提升,基本上都建立了学校主页,70.8%的高校建有学校电子邮件系统,37.1%的学校建有校园公告系统,60.2%的学校建有一卡通系统,85.5%的高校建立了服务于教学、科研、管理和生活等方面的电子校务系统,其中30.3%的高校实现了教学管理、科研管理、人事管理和财务管理等主要校务的信息化,8.9%的高校建立了集成、统一的校级管理信息平台,监测预警与决策支持系统得到初步应用,极大地提升了学校的管理水平与办学效益。

中等职业教育学校中,55%的学校建立了学校主页,25%的学校建有校级电子邮件系统,20%的学校建有校园公告系统,27.5%的学校建有校园卡系统,32.5%的学校建有集成各种信息资源的内部信息门户。

基础教育学校开始引入电子校务,14%的学校建立了学校主页,11%的学校建有电子邮件系统,4%的学校建有校园公告系统,5%的学校建有一卡通系统,10%的学校建立了服务于管理、教研等方面的信息管理系统。

3.5 标准化建设、关键技术研究取得较大进展

2002年底成立的"全国信息技术标准化技术委员会教育技术分技术委员会(CELTSC)",负责教育信息化相关标准的规划、引进、研究、编制、评审及推广应用工作,发布了40多项标准;研制了标准的一致性测试程序和规范;开展了测试

工作；提交了10个国家标准的送审稿；培养锻炼了一支稳定的研究队伍；举办学术研讨会和各类标准化培训班，启动标准化测评与认证工作。CELTSC积极参与国际标准化活动，是ISO-SC36委员会和IEEE LTSC的国家团体成员，被ISO确定为其教育信息技术标准的起草者之一，正与欧盟合作研制网络教育服务质量方面的国际标准。

我国制定发布了一系列语言文字规范标准，如《GB 13000.1字符集汉字部件规范》、《GB 13000.1字符集汉字字序（笔画序）规范》、《GF3006—2001汉语拼音方案的通用键盘表示规范》等，促进了教育信息化的发展。教育部颁发了《中小学教师教育技术能力标准（试行）》，这是我国第一个中小学教师专业能力标准。

在天网与地网结合、互连互通、资源共享、网络教学等方面，我国解决了阻碍现代远程教育发展的多项关键技术难题，初步开创了东西互动、课程互选、学分互认的全新网络联合办学模式，初步建立了天网与地网合一的现代远程教育的模式，为现代远程教育的全面、深入发展提供了有效的技术支撑。

3.6 信息化保障机制建设逐步得到重视

在管理体制方面，教育部成立了教育信息化工作办公室，94%的省市级教育行政机关建立了负责电子政务的组织机构，21%的高校设置了CIO职位，92.65%的高校设置有建制的信息化部门，88%的中小学校有明确的领导负责信息化建设。

高等教育方面，39%的高校有单列信息化规划，45%的高校将信息化规划分散在总体规划中；已有37%的高校将信息化经费预算单列为全校统筹信息化预算，40%的高校信息化经费分布在部门预算中，信息化建设资金投入总额年均达到851.49万元，年度运行维护费为104.76万元，培训及研究经费为24.20万元；65%的高校定期对人员进行信息化技能培训，年均参加学校组织的信息化培训达到188.36人次，65%的高校对人员聘任有信息化技能要求，52.7%的高校在信息编码标准制定中应用国家或行业数据标准，17.6%的高校建立了学校统一的信息编码标准，81%的高校制定并执行了信息化运维服务管理规范；高校信息化建设、管理与服务队伍规模平均为19人。

基础教育方面，近三年内信息化建设占学校建设投入总额的28%；48%的学校制定了信息化发展规划，16%的学校有单列预算，22%的学校将信息化预算放在各部门分预算中；42%学校建有专门的信息化部门；在制定了规划的学校中，67%建立了相应的制度来保障信息化发展规划的实现。

3.7 信息化人才培养得到较大发展

我国信息化人才培养主要由"学历教育"的高等院校、软件学院、职业技术学校以及"非学历教育"的各类社会培训机构完成。近几年来,我国的信息化人才培养数量持续增长。国家层面,以各部委"工程"项目为背景启动的系列培训计划,为教育信息化输送了大量的专业人才。高校远程教育公共服务体系的形成,也扩宽了教育信息化人才培养的渠道。

据教育部相关部门统计,2007年,我国普通高等教育信息技术相关专业的在校生总数已达到289.8万人,当年招生85.3万人,毕业生达到82.8万人。已设立示范性软件学院36所,国家计算机技术与软件应用技能紧缺人才培养培训基地180个,国家集成电路人才培养基地9个。

2007年,中等职业学校信息技术专业在校生达到400万人,当年招生近170万人,毕业生达到110万人,30%的学生取得相应的职业资格证书,为国家信息化发展培养了高素质技能型信息技术专门人才。面向全体学生普及了《中等职业学校计算机应用基础》必修课程,完成了对中等职业学校13个专业领域课程内容的信息化改造。

基础教育领域的教师信息技术应用能力培养工作稳步推进。截至目前,国家启动的"全国中小学教师教育技术能力培训计划"在全国26个省(市、自治区)培训教师1 628 084人次[①]。企业公司、国际公益组织在中国中小学教师信息技术应用能力培训中也做出了积极的贡献。如,2000年启动的"英特尔®未来教育"教师培训项目在全国32个省(市、自治区)累计培训一线学科教师1 056 211人次,2003年启动的教育部-微软"携手助学"项目在全国32个省(市、自治区)累计培训信息技术专任教师达111 625人次[②]。此外,UNDP/403项目、中欧甘肃基础教育项目、中国和联合国儿童基金会爱生远程教育项目、明天女教师远程教育项目等,为西部农村地区教师的教学能力(包括信息技术应用能力)提升提供了针对性较强的理念、方法和资源支持。

3.8 教育软件产业走上市场化发展之路

我国的教育软件产业起步较晚。20世纪80年代初,教育部在几所学校开展计算机辅助教学试点工作,教育软件主要在大学里使用。90年代,教育软件

---

① 中央电教馆.全国中小学教师教育技术能力培训计划统计报告.2008.
② 教育部-微软"携手助学"项目评估组.教育部-微软"携手助学"项目评估报告(FY2008).2008,10.

产业正式起步，经历了"学校管理软件（1990—1995 年）—家庭软件（1995—1999 年）—学校应用软件（1999 至今）"三个发展阶段，目前正处于学校应用软件兴起的第三个阶段。许多原先从事家庭教育软件开发的企业转向学校信息化市场，电子备课室、校校连网、城域网、校园网纷纷出现，针对学校用户销售的软件或系统逐渐增多，占据教育软件市场的主要份额。因产品差异较小，市场竞争很激烈。目前，教育软件已成为我国软件产业链中非常重要的一环。据有关部门统计，目前在国内教育软件市场中从事开发的厂商已超过 200 家，相关产品在 3 000 种以上。去年我国教育软件销售额已占软件销售额的 1/3，而在京沪等大城市，这一比例已超过 50％。

中国的教育软件产业在发展过程中，一批品牌教育软件企业已成长与壮大，为学校信息化提供了丰富的产品选择，包括备课系统、评价与考试系统、教学教务管理系统、在线点播系统、题库系统、资源管理系统、模拟仿真系统、学科资源库、研究性学习平台、课件制作平台等软件。当前，在当当网、卓越亚马逊网、连邦软件网上商城等各大网站展示的热销教育软件（多面向家庭用户），主要涉及英语学习、儿童趣味学习、童话学习、新课标教学套装等，学科专用软件鲜少出现。

软件采购上，各地一般采取统一采购政策，再分配给学校。

第四章
存在的主要问题

从本次调研的统计数据来看,我国教育信息化经过近20年的发展,已经取得了很大的成绩,但和我国教育事业的快速发展对于教育信息化的迫切需求相比,还存在着巨大的差距。归纳起来,我国教育信息化存在着如下主要问题。

4.1 对信息化战略地位认识不足,缺乏统筹与总体规划

教育战线各级领导中有不少对教育信息化在教育事业改革与发展中的战略地位认识不到位,将信息化看成是锦上添花,没有认识到教育信息化在教育改革与发展中的重要作用,对信息化的应用不够了解,"一把手"全面参与信息化决策程度低。教育信息化缺乏统筹与总体规划,使教育信息化规划停留在文字上,在推进中遇到旧有思维与体制机制障碍时,不是积极推动改革而是知难而退。对教育信息化与业务融合的重大应用重视不够、深入不够、投入不够,使得教育信息化整体进展缓慢,广大师生不能够充分享受到先进的教育信息技术带来的成果。

4.2 管理体制条块分割,缺乏强有力的协调与管理

各级各类教育行政部门及多数学校的信息化建设与管理条块分割,缺乏有效的统筹协调和统一管理体制,各行其是、相互牵制、重复建设现象相当普遍。这是造成标准不一、资源无法充分共享、应用水平难以提高的根本原因,已成为阻碍教育信息化事业全面、协调、可持续发展的最大障碍。另外,以教育统计为例,当前工作模式落后,数据准确性、时效性有待加强,统计工作分散在教育部内9个司局和单位,内部面临如何整合的重要问题。教育部虽然成立了教育信息化工作办公室,挂靠科技司,但在机构设置、人员编制、专项经费等方面均未落实,无法很好地承担起教育信息化科学规划与协调工作。

4.3 资金投入不足,缺乏长效投入保障机制

资金投入总体不足,缺乏长效投入保障机制。基础设施、信息系统、重大应用工程的运行、维护和可持续发展没有根本的保障机制。政府在教育信息化方面已进行了大量的投入,但投入机制不够健全,难以实现可持续发展,并且有限的投入分配还不够合理,重硬件轻软件、重建设轻维护、重建设轻培训的现象普遍存在。此外,面对基数庞大的教育系统建设,我国教育信息化建设投入总体不足。不同阶段的侧重点各不相同,致使设备的维护与更新、资源的充实与丰富、建设队伍水平的提高、资金的持续投入、科研成果的推广等方面不能得到保障,缺少长效机制。特别是广大农村中小学校,缺乏教育信息基础设施维护与升级、更新的投入机制,有些地方现有远程教育设备的使用还面临经费短缺问题。

4.4 基础设施建设不均衡,管理水平和使用效率低

教育信息化基础设施建设仍然不能满足各级各类教育信息化的发展需要,特别是西部农村地区信息化基础设施落后。基础设施条件的不平衡将加大数字鸿沟,加大教育的非均衡性,不同类型教育之间、区域之间、城乡之间差距进一步扩大。

农村中小学现代远程教育一期工程配备的设备数量难以满足教育教学应用的需求;中等职业学校教育信息化基础设施落后,教学手段陈旧,计算机普及率低,日常运行和维护困难,特别是随着近几年来中等职业学校的连年扩招,生均信息化设施拥有量明显呈逐年下降趋势;高等学校网络运行安全保障系统尚未形成,病毒泛滥,安全隐患大,安全问题层出不穷。

网络间的互连互通存在瓶颈,仍需升级和扩展扩容。高校以外的教学和科研单位 CERNET 接入率低,省市教育网建设参差不齐,影响学校的高速接入。CEBSat 卫星通信网目前只能单向传输,难以适应当前新媒体教育发展的需求。

4.5 信息化人才队伍短缺,信息素养有待提高

全民的信息化意识和信息素质亟待提高。各类培训的数量和质量同信息化发展需求不相称。教育信息化建设与运行维护队伍建设没有得到应有的重视,专门服务于教育信息化应用项目的教育技术支持队伍远不能满足实际需要,从事教育信息化工作的人员数量与国际通行的标准存在巨大差距。此外,由于教育与 IT 行业存在待遇差异,加之教育信息化技术支持队伍作为教师或教学辅助

人员的待遇问题长期得不到制度化的解决,这部分工作者在学校教育中存在着被边缘化倾向,使得教育信息化队伍建设与稳定难度加大。

我国信息化人才培养规模不断扩大,但教师信息化培训远不到位,培训规模还远远不够。尤其在基础教育领域中,教师队伍的知识结构、素质和能力不适应教育信息化发展要求,教师培训中面临量大、技术更新快、培训力量有限等诸多制约条件。多数教师开始进入到学习利用信息技术促进教学的阶段,教师信息技能较低成为应用瓶颈,还有一批教师(主要在农村)不会计算机基本操作。教师尚不具备运用信息技术改革传统教学的教育技术能力,教师能力不足是造成许多信息技术设施闲置浪费的重要原因,教师培训亟待加强。

4.6　应用水平不高,与教学科研结合不紧密

应用意识不强,应用技能较差。信息技术与教学结合不够紧密,教学信息化程度偏低,信息资源和应用系统的开发利用与学科建设、提高教育质量缺乏紧密结合,教学信息化深层次应用缺乏。总体上,信息技术应用对于新时期教育变革与发展的带动作用有待加强与深化。中等职业教育中围绕学生学习和学校管理的应用系统建设偏少。远程教育在应用模式创新、提高设备资源利用效率与效益、提供全面技术支持服务等方面尚需努力。

应用系统建设尚未形成完整体系,缺乏立足教育信息化建设的总体规划,缺少信息资源开发利用体系,信息资源开发利用水平不高。完整的信息标准和交换标准规范体系建设进展缓慢,"信息孤岛"现象突出,业务数据难以为管理层提供强有力的决策支持。各教育业务系统缺乏统一的应用架构和信息安全保障体系。信息技术应用水平不高,许多重要业务功能在目前的业务系统尚没有被涵盖。

4.7　优质教育信息资源缺乏,整合难度大

教育信息资源总体缺乏,特别是优质资源匮乏。社会资源向教育系统的开放不够。资源分散,重复建设,标准化程度低,整合与共享难度大,未建成良好的共建共享机制。对特色教育资源建设、国产软件扶持力度不够,缺少具有自主知识产权、易学好用、高效多能的平台工具型教育软件。未形成规范有效的教育软件和教育资源政府采购制度。资源的管理与利用工作不到位,已有资源的深入应用程度低,师生没有充分享受到有效的教育技术成果。

基础教育课程改革急需课程资源加快更新,不同类型、不同地区的特色职业教育资源长期缺乏,特别是能够适应我国技能型紧缺人才培养和西部农村农民

技术培训需要的课程建设需求尤为迫切。基础教育的学科教学严重依赖通用的办公软件和课件制作软件,学科专用教学软件的应用较少,十分不利于学科教学与信息技术的深层次整合。

4.8 教育软件产业前景广阔,但发展缓慢且面临诸多问题

家用计算机的增加和小康社会中教育消费的增加,使中国教育软件产业的发展前景空前广阔,但目前总体上发展缓慢且面临诸多问题:首先是软件的质量欠佳,虽然软件厂商数目众多,但真正在用户群中形成品牌效应的厂商寥寥无几,真正能让用户认为有效的更是屈指可数;第二,在软件类型上,多数厂商集中于开发学校信息化的管理和服务性软件,学科相关的教育软件缺乏,没有达到帮助学校探索新型教育教学模式的目的。在教育软件设计与开发上,存在的主要问题有:跟不上教育改革的步伐,研究力量薄弱;缺乏理论和创新;低水平重复,同质化严重,产品大同小异;教育软件与其他形式的教育产品整合不够;标准缺失,导致各教育软件提供商相互之间设置技术壁垒,无法实现产品的模块化和通用化,使竞争维持于低水平层次;开发队伍教育背景薄弱,在开发产品方面缺乏合理的教学系统设计与规划;缺乏商业模式的创新。这些都是制约教育软件向深层次发展的因素。

教育软件的采购上,教育机构的信息化经费基本来源于财政拨款,而对软件购买具有决策权和影响力的往往是区域一级的教育信息化主管部门如电教站、教育信息中心等,作为教育软件主要终端用户的学校、教师和学生基本不具备购买的决策权和影响力,出现"买的人不用,用的人不买"的现象。

4.9 标准建设与应用明显滞后,标准采用率低

技术标准起草、审批、颁布与推广工作较实践明显滞后,导致在资源系统与信息系统建设中孤岛现象明显。技术标准管理缺乏专门机构,没有明确的教育行政主管部门,导致已发布的标准不能有效地在信息化项目的设计与实施中得到贯彻,标准实施协调、指导、培训、监督与评估能力均不足,标准采用率低,技术标准的制定与推广亟待加强。

第五章
政 策 建 议

调研表明,我国教育信息化经过近20年的努力,从总体上看已经进入发展提高阶段。在各方面取得很大成绩的同时,我国教育信息化仍面临着一系列突出的问题、矛盾和艰巨的任务,需要努力寻求在投入、均衡发展、体制机制改革、教学科研应用创新等方面的突破。

当前阶段,信息化已经成为时代潮流。我们需要以科学发展观为统领,切实加强领导,统筹规划、分步实施,建立健全教育信息化推进协调和长效机制;以融合为导向,促进信息网络融合,探索创新的应用模式,推动信息技术与教育科学发展融合,推进现代国民教育体系与终生教育服务体系协调发展;遵循标准规范,整合各级各类教育资源,实现教育资源优化配置、共享与服务;提高上网普及率和信息终端的普及率,不断提高网络信息设施性能,满足各级各类教育的发展需求,不断提升教育质量、推进素质教育发展;以教育改革与创新为动力,将信息技术深化应用到教学、科研和管理的各环节,应用到学科教学的第一线,注重实效。通过教育信息化,促进教育方法与模式的创新、科研创新和体制创新,充分发挥教育信息化的基础性、先导性、全局性、推动性作用,为培养国家急需的创新型人才提供重要的基础环境。具体地,提出如下对策建议。

5.1 建立可持续发展的教育信息化组织保障体系

建议教育部在现有教育信息化工作办公室的基础上,整合教育信息化领导小组办公室、教育电子政务领导小组办公室、"金教工程"办公室等教育信息化管理与协调机构,进一步明确职责,落实常规人员编制和办公经费,使其成为统筹规划、统一管理各级各类教育信息化建设的实体机构。由教育信息化工作办公室牵头建立教育信息化有关的管理制度,协调教育信息化经费使用,组织教育部有关单位(教育管理信息中心、中央电教馆、教育电视台等)进行教育信息化的归口实施工作。积极推动各级教育信息化行政管理机构的整合,逐步形成自上而下统一的教育信息化组织保障体系。

在继续建设和发展全国教育和科研计算机网的同时,依托有条件的教育单位,建立各级教育信息化网络与信息中心,规范各级教育网络基础设施的建设、运行和管理。

将信息化建设情况作为重要内容纳入各级教育督导评估指标体系,推动教育信息化发展长效机制的形成。

5.2 建立多元化的教育信息化经费投入机制

鼓励多方投资,形成政府主导下的多元化投入格局,在教育信息化统筹规划的基础上,建立可持续的教育信息化运营和发展经费来源机制。将教育信息化建设列入国家和各级政府教育经费预算,实行全周期预算,形成稳定的财政资金投入渠道。建立一定额度的、持续不断的国家投入机制,使教育信息化投入占教育总投入的4%～5%;同时发挥地方政府的积极性,保证地方财政的稳定投入,充分考虑区域布局。

借鉴国际经验,建立和完善投融资激励机制,运用市场力量吸引社会团体、企业、个人以及国外投资者。建立教育信息化专项经费审核机制,促进教育信息化工作持续稳定地健康发展。

5.3 大力推动信息技术与教育发展的融合

深入开展各类教育教学关键应用,大力推动信息技术与教育教学的融合。特别是开展网络教育、农村远程教育、数字图书馆等重点工程,积极推进多媒体教学、混合学习和在线网络学习,实现信息技术与教育教学的有机结合和深化应用,通过应用激励政策、应用有效性课题研究进一步深化信息技术对教育变革与发展的推动作用,促进教育质量提高。

大力发展教育电子政务,建立较为完善的中央与地方相配合、多种技术手段相结合的电子政务公共服务体系,提高教育行政部门的监管能力、信息服务水平与网上办事能力,提高教育电子政务的公众认知度与满意度,降低教育行政成本。

建立协同的教育科研环境和健康的网络文化环境,提升教育科研自主创新能力,提供多样化的知识、科技和文化传播渠道和方式,探索创新型人才的培养机制、模式和方法。

建立结构清晰、协调发展的教育信息化基础设施,包括教育网络、教育网格、教育双向卫星等,全面提升教育信息化基础设施的覆盖率、利用率、普及率和国产化率,为受教育者提供方便的全球信息资源访问和交流服务,实现随时随地的多媒体教学应用。

5.4 建立教育信息化资源共享机制

加强教育信息资源的统筹规划、协调建设与管理,建立和完善优质教育信息资源开发、遴选和利用的良好体系,建立教育信息资源共享机制,完善知识产权保护制度,推动国家级教育信息资源服务体系的形成。

规范教育信息资源的采集和标准制定,实现优质教育信息资源的深度开发、及时处理、安全保存、快速流动和有效利用。采用政府开发、政府采购等方式将基础性教育信息资源和教育软件作为公益性信息资源,面向全社会提供开放性服务。加速向中西部农村地区输送优质教育资源,促进教育均衡发展。

国家投资研发具有自主知识产权的国产教育软件系统,并以合理的价格提供给公办教育系统使用。国家投资购买基础性软件的国家版权,降低教育机构的软件使用成本,普遍提升教育信息化软硬件条件。

5.5 建立教育信息化创新人才队伍的培养激励机制

围绕教育信息化不断发展的需要,建立相应的人才建设与培训机制。凝聚具有较高专业技术水平和政治素养的教育信息化专业人才,建设教育信息化专业技术队伍。

进一步深化信息化人才培养模式改革,加强师生信息化素养培养和教育信息化专门人才的培养;不断开展教育电子政务与校务培训、教师教育技术能力培训,探索并实施信息化环境下教师教育培训模式的改革与创新,努力提高教师运用信息技术实施教学的能力与水平。

5.6 加强教育信息化技术标准规范体系建设

大力开展教育信息化技术标准规范研制,建立标准研制、培训、推广、测试、认证的长效机制,通过迅速、有效的标准研制、发布和执行,促进互连互通、资源共享和信息安全;坚持标准研究制定与推广应用相结合,使教育信息化应用系统采标率达到较高水平。

完善教育信息化技术国家标准体系,积极参与国际标准研究制定。开发系列标准的培训、应用和测试等相关支持系统,建立标准一致性测试认证基地。制定标准推广政策,形成标准推广与应用保障机制。

5.7 加强研究提升教育软件的品质

加强研究,根据教育教学改革理论,利用计算机的特性,赋予教育软件个性化和智能化学习的特性,摆脱长期以来"教育软件就是电子书"的形象,加强教育软件的学科特征,提高学科学习的有效性,提升教育软件的品质,促进创新教育软件的开发。要挖掘用户的需求,加强增值服务(如在线升级、网络答疑等),加强软件的多媒体化与网络化,拓展软件的使用面。

组织开展面向国内外的公开遴选和推荐活动,筛选出现有的或尚未得到有效推广但非常有前途的学科教育软件,建立推荐目录。组织专业队伍研究推广策略与方法,尽快深入推进应用,在此期间广泛收集反馈信息,寻找解决策略,不断提升软件的功能和品质。拓展软件营销渠道,将教育软件的营销渠道由原来单一的软件专卖店,拓展至图书杂志营销体系中,增加教育软件被购买的可能性。

国家应启动专门的工程,重点扶植有前途的学科教育软件研发和市场化建设,有计划地组织引导学科教学精品软件开发,建立国家级学科教学软件库,启动专门的推广和应用活动,为信息技术在教学中实现深层次整合提供最强有力的工具。

第二篇

教育信息化建设与应用战略研究报告

摘　　要

本报告是教育部科技司就教育部 2007 年底下达的教育改革和发展战略与政策研究重大课题——"教育信息化建设与应用研究"（教政法厅函[2007]66号文件），组织专家围绕教育信息化发展中的全局性、基础性、战略性问题，开展的前瞻性研究的成果。

报告的核心内容由六章组成，它们分别是教育信息化定位与战略研究框架、我国教育信息化发展状况的基本分析、我国教育信息化发展的历史机遇与发展瓶颈、教育信息化发展规划的原则与目标选择、战略任务以及战略突破口、实现战略规划的保障条件。

报告中特别需要强调的发现与研究成果是：

1. 从教育战略上定位教育信息化。教育信息化是在教育领域充分利用信息技术，开发利用信息资源，促进信息交流和知识共享，促进教育现代化的过程。教育信息化不仅为教育的改革和发展提供了"信息基础环境"、"共享协作渠道"，它还推动着教育思想、理念、方式、手段、内容等方面的深刻变革，已成为推动教育现代化进程、建设人力资源强国和创新型国家、构建学习型社会不可或缺的"重要保障"和"创新动力"。

2. 形成了以国家信息化六个要素为依据的研究框架。以教育信息化基础设施、数字化教育资源、教育信息化技术应用、教育信息化产业发展、教育信息化人才培养以及教育信息化管理及政策机制等六个要素建设与应用状况的分析贯穿报告全文，并突出了教育系统内部建设的五个关键要素的分析。

3. 提出了我国教育信息化发展应从目前的推广普及阶段向应用提高阶段转变。通过对教育信息化的五个关键要素发展水平的分析，做出了我国教育信息化总体上处于推广普及阶段的判断，并分析描述了各要素发展应该追求的新水平，为确定我国教育信息化在新的发展阶段的方向和目标奠定了基础。

4. 指出了我国教育信息化发展需要重点研究解决的问题。报告在充分分析我国教育信息化发展的现实基础和历史机遇、利用新技术发展的可能性以及我国教育信息化发展的历史经验的基础上，提出了教育信息化下一步需要重点研究如何让信息技术全面融合于教育教学的全过程之中，在解决新时期教育均衡、优质和创新等关键问题上，发挥其培养创新人才和促进教育改革的不可替代的作用。

5. 分析了我国教育信息化的规划原则，提出了中长期发展目标建议。报告认为，我国教育信息化进入应用提高阶段，将会出现两个基本特征：一是信息化的创新动力作用将逐步显现，二是信息化的普及和提高呈现并举态势。因此，在教育信息化应用提高阶段需要处理好优化结构、协调进程、促进公平三个基本问题,这是实现教育信息化目标和远景的重要前提。

6. 在坚持应用导向的基础上,找出了下一步发展的突破口。报告认为,坚定不移地坚持应用为先,以应用引导信息化的全面发展,既是落实信息化国家发展战略的要求,也是教育信息化应用提高阶段的紧迫任务。为此,战略上需要从充分利用信息技术推进教师继续教育、实现中国教育科研计算机网全面升级、中国教育卫星宽带网的双向功能改造,从建立全国统一的学生卡,继而发展为终身学习卡,以及建立健全国家级教育资源中心及运行管理体系等方面寻找突破口,为教育信息化的深入应用发展提供人力资源保障和畅通的数据通道。

7. 归纳分析了实现下一步发展所需要的保障条件。报告认为,应该抓住提高教育信息化领导力这一关键环节,以全面提升各级各类教育行政领导和学校校长的教育信息化领导力,来增强教育信息化的规划力和落实力。同时,建议在经费投入总量和投入方向上,保障教育信息化的效益。在人才队伍建设上,保障教育信息化的开发建设、运行维护和升级改造,更好地服务于学校师生,服务于学校提供社会服务的要求。报告把对教育信息化的监测与评价列入重要保障条件,希望以制度化的方式保证教育信息化的发展,以促进因学生知识扩展和技能提高引导教育信息化不断深化。报告认为,教育信息技术产业发展是教育信息化的重要支撑环境,建议国家采用公开、公正、公平的方式,审核和推荐优质教育信息化产品,帮助政府和学校采购优质和经济适用的产品,促进国产优质软件的发展,鼓励自主创新。

本课题的研究是一个对开放的、动态变化系统的研究,需要坚强的领导和良好的团队合作。研究团队把本课题的研究,作为学习和实践科学发展观,为制定教育改革和发展中长期发展规划建言献策的过程,克服了时间紧、任务重、数据采集量大等方面的困难,凝聚各方面的智慧形成了本报告。尽管它还存在着多方面的不足,但研究者仍然希望本报告可以为政府规划的制定以及教育信息化的推进提供参考。

研究者愿以本报告的出版发行,感谢在研究中给予帮助的各方面的学者和官员,没有他们所提供的信息和支持,就没有本报告。

第一章
教育信息化定位与战略研究框架

1.1 教育信息化定位

教育信息化是在教育领域充分利用信息技术,开发利用信息资源,促进信息交流和知识共享,促进教育现代化的过程。教育信息化对于优化教育结构、合理配置教育资源、缩小东西部及城乡教育差距、全面实现公平教育、提供优质教育、提高教育投资效益、推进素质教育、培养创新人才,都具有重要的作用。

以教育信息化带动教育现代化是我国教育事业改革与发展的战略选择。教育信息化为我国各层次人才培养、国家科技创新、自然科学发展、哲学社会科学繁荣、教育管理与社会服务等提供了"信息基础环境"、"共享协作渠道"和"全新变革手段"。教育信息化的巨大作用不仅体现在"基础支撑",更重要的是,它一直推动着教育思想、理念、方式、手段、内容等方面的深刻变革,已成为推动教育现代化进程、建设人力资源强国和创新型国家、构建学习型社会不可或缺的"重要保障"和"创新动力"(或内在动力)。

➢ 大力推进教育信息化是建设人力资源强国的内在要求

大力推进教育信息化,是促进义务教育均衡发展、加快普及高中阶段教育、大力发展职业教育、提高高等教育质量、重视学前教育、关心特殊教育、实现各级各类教育协调发展的迫切需要,是建设人力资源强国的内在要求。

➢ 大力推进教育信息化是促进教育公平和质量提高的有效途径

大力发展教育信息化,有利于优化教育结构,合理配置教育资源,缩小区域城乡教育差距;有利于提高教育质量和管理水平,提高教育投资效益,推进素质教育和创新型人才培养,建立透明、开放的教育行政环境,办人民满意的教育。

➢ 大力推进教育信息化是实现教育现代化的突破口

国内外许多经验表明,离开教育的信息化,就谈不上教育的现代化。大力推进教育信息化,有利于促进教育的全面创新,推动教育体制、思想、观念、模式、内容、方法等方面的深刻变革,发挥教育优先发展优势,在全国率先初步实现教育现代化。

➢ 大力推进教育信息化是促进科技创新和实施人才强国战略的重要举措

加快教育信息化建设,营造知识共享的基础环境,促进知识创造、传播和利用,提高师生和科研人员获取科技信息的速度和质量,是提高国家创新能力的基础。

➢ 大力推进教育信息化是构建学习型社会与和谐社会的有力保障

与国家其他部门通力协作,构建覆盖全国的终身教育平台,逐步保证每个公民都能随时随地接受到所需要的教育。大力推进教育信息化,发展远程教育,促进继续教育,是构建全民学习、终身学习的学习型社会的必要手段,也是保障教育公平,促进社会和谐的前提条件。

教育信息化是教育面向现代化、面向世界、面向未来的必然结果,教育的发展必须满足人类社会向信息社会发展的趋势要求。以教育信息化为龙头,带动教育现代化,实现教育跨越式发展,已成为我国教育事业发展的战略选择。21世纪头二十年是我国现代化建设的战略机遇期,教育信息化发展必须走在国民经济与社会信息化发展的前列,成为率先实现教育现代化的突破口。

1.2 教育信息化战略研究框架

国家信息化体系由六个要素组成:信息技术应用、信息资源、信息网络、信息技术和产业、信息化人才、信息化政策法规和标准规范。(国家信息化工作会议,1997。)

作为领域信息化,教育信息化是国家信息化的重要组成部分,其研究框架也可以从这六个要素建设与应用状况着手,即教育信息化技术应用建设与应用状况、数字化教育资源建设与应用状况、教育信息化基础设施建设与应用状况、教育信息化产业发展建设与应用状况、教育信息化人才培养建设与应用状况以及教育信息化管理及政策机制建设与应用状况。教育信息化建设框架见图一。

教育信息化涉及基础教育、高等教育、职业与成人教育、师范教育等各级各类教育的各个环节。本研究将分为国民教育体系和教育服务业两部分进行分析。它们都建立在国家信息化基础设施之上,国民教育体系的教育资源与发展教育服务所需要的资源通过国家学习型社会支持服务体系实现信息与内容的交流与共享,为用户提供智能化服务。

教育信息化的战略研究,是对一个开放的、动态变化系统的发展研究,需要审视教育信息化发展如何借助其他领域的信息化、如何借助教育系统外力量,需要从教育信息化对建设和谐社会、学习型社会的价值和作用入手。

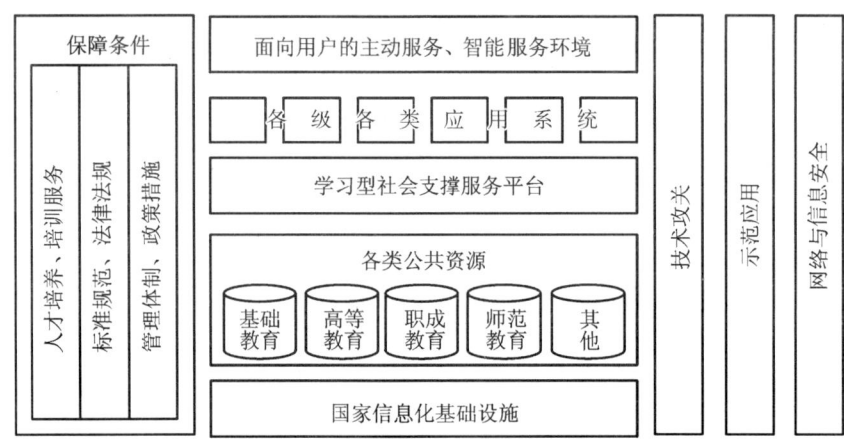

图一 教育信息化建设框架

为此,在本次战略研究中,不仅包括来自教育系统内现状数据的对比分析,也包括对于国际发展趋势的分析,以及对于教育信息化在国家信息化发展架构中位置和作用的分析。

第二章
我国教育信息化发展状况的基本分析

2.1 现状对比分析维度

为了对教育信息化现状及趋势有序地进行描述和分析,研究组以教育信息化六个要素为维度,分列了详细的观测指标,收集了来自基础教育、职业教育和高等教育的现状数据以及国际比较数据。教育信息化分析层次和关键观测参数如表一所示。

表一 教育信息化分析层次和关键观测指标

	分析层次	关键观测指标
1 教育信息化基础设施	1.1 教育信息化国家级公共基础设施建设情况	用户量,带宽,重大服务
	1.2 教育信息化省级公共基础设施建设情况	教育城域网比例,用户量,覆盖面
	1.3 校园信息化基础设施建设情况	生机比,校园网带宽,信息安全
2 数字化教育资源	2.1 图书馆电子资源建设及其应用	电子资源经费投入,资源数量种类
	2.2 教育资源的建设和应用	学科应用率,专用软件采用率,学科资源总量
3 教育信息化技术应用	3.1 管理信息化	部门管理系统普及率
	3.2 教学信息化	多媒体教学比例,网络教学平台采用率,教学应用效果认同率
	3.3 科研信息化	网格,大型仪器,协作平台,科研信息
	3.4 社会服务信息化	网络教育人数,教学点数,学科门类

续表

分析层次		关键观测指标
4 教育信息化人才培养	4.1 教育信息化人才培养状况	IT支持队伍人数，IT毕业生
	4.2 师生信息技术素养培养计划	培训人数
	4.3 教师信息技术教学培训	培训人数
5 教育信息化管理及政策机制	5.1 信息化规划与政策制定情况	已有相关政策数量
	5.2 信息化年度经费或资金投入	投入量，分配比例
	5.3 信息化领导执行机构情况	领导比例，人员结构
6 教育信息化产业发展	6.1 政府导向和推动情况	
	6.2 产学研发展情况	
	6.3 重要协会组织介绍	
	6.4 国际合作情况	

表一为本报告关注的指标。研究者希望能够通过对这些指标的调查分析、国际比较研究，逐步遴选，形成可测量、可比较的评价教育信息化发展的指标体系，并推进对它的统计实施。

以下数据如非特殊说明，都是本课题的调查结果。

2.2 教育信息化基础设施建设情况

2.2.1 教育信息化公共基础设施建设情况

国家在教育信息化公共基础设施建设方面做了很大的投资，最为典型的两大基础设施即中国教育和科研计算机网（CERNET）和中国教育卫星宽带传输网（CEBSat）。这两大基础设施构成了支撑中国教育信息化发展的天网和地网。各省市教育部门也投资建设了本地区的教育城域网，这些基础设施建设工程的实施和运行，有效地促进了大中小学教育信息化基础设施的建设、完善。

➤ 中国教育和科研计算机网（CERNET）

CERNET是由国家投资建设、教育部负责管理、清华大学等高等学校承担建设和运行的全国性学术计算机互联网络，是全国最大的公益性计算机互联网络、中国第三大互联网，也是世界上最大的国家学术互联网。

自1994年底国家计委批准立项建设以来，CERNET先后经历了示范工程、主干网升级工程、211一期工程、现代远程教育工程、211二期工程等几个大型项目的建设，已经具备了一定的基础和条件。CERNET现有一个网络中心和38

个核心节点,覆盖31个省(市、自治区)的36个城市,已建成通达23个省/直辖市的高速传输网络,目前连接了分布在200多个城市的大学、教育机构、科研单位2 000多个,用户超过2 000万人,拥有的IP地址数量超过了1 200万。

CERNET向教育系统提供全面的互联网服务,并支持多项国家大型教育信息化工程。例如网上高招远程录取,每年有数百万考生的背景资料通过网络进行可靠的数据传输与信息交换,是世界上规模最大的网上招生录取应用;开通了我国第一个全国范围的组播服务平台,基于组播的视频会议系统在SARS时期在教育系统内发挥了重要作用,并得到了持续应用,成为国内外少有的组播技术大规模应用实例;建成重点学科信息服务体系支撑平台,收集了分布在全国80余所高校的重点学科信息资源,并重点支持了涉及理、工、文等领域的14个重点学科信息资源系统建设,为我国高校开展重点学科建设提供了信息共享平台;此外,CERNET还支持其他教育信息化重大应用,包括中国高等教育文献保障系统(CALIS)、中国教育科研网格(ChinaGrid)、仪器设备和优质资源共享系统、大学数字博物馆、远程教育等。

➢ 中国教育卫星宽带传输网(CEBSat)

CEBSat是由国家投资建设,教育部负责管理,中国教育电视台承担建设和运行,集电视、语音、IP数据广播于一体的教育卫星宽带多媒体广播网,是国务院、教育部推行党中央关于21世纪科教兴国战略的重大部署,实施《面向21世纪教育振兴行动计划》,建设"现代远程教育工程"的一项重要内容。CEBSat已逐渐发展成为世界规模最大的公益性卫星远程教育专业服务网。

CEBSat于1999年正式启动建设,于2000年10月31日正式建成播出,初步建成了具备传输8套电视、8套广播、25套以上IP数据广播能力的教育卫星宽带多媒体广播网。此后,于2004年进行上行站转换,建立主备传输上行系统,提高了上行功率;于2005年在农村党员干部现代远程教育工程主前端播出平台建设时又进行了大规模的配套建设;于2007年转型至具备抗干扰功能中星6B和亚太6号卫星。目前,CEBSat拥有亚太6号K4、K6、K8及中星6B S15共4个Ku频段转发器,144 MB卫星资源,每年播出课件资源5 303 GB,教育视频9 645小时,其中不包含CETV-1、空中课堂的教育电视节目。

CEBSat是我国广大西部及农村偏远地区教育信息化建设的重要组成部分,已逐步建成有针对性地覆盖我国农村地区的教育信息化基础传输体系。我国四大国家级远程教育工程都以CEBSat为依托,其中农村中小学现代远程教育项目已在农村中小学建点264 587个;全国农村党员干部现代远程教育项目已建点370 186个,为农村党员干部及群众提供学习资源。按照计划,党员干部培训项目将在我国的每个行政村都建立接收站点,总数预期达到67万个。

此外,CEBSat也是我国最大的军队远程教育服务平台,有部队接收站点

9 507个,覆盖全军,尤其是覆盖了处在深山老林、雪域高原、戈壁沙漠、荒滩礁岛等偏远艰苦地区的5 000多个基层组织,覆盖海军西沙、南沙等3 000多个边远分散单位和数百艘舰艇。

目前,CEBSat终端接收站点中有约23%的站点同时接入互联网。接入互联网的站点主要是采用电信模式建设的站点,占18%,集中在东部发达省区;广大西部及农村偏远地区的站点至多只有5%连接到互联网。可见广大农村及偏远地区的教育信息化主要依赖卫星。

➢ 地区教育信息化基础设施——教育城域网

除了国家投资建设的全国范围的教育信息化基础设施之外,一些经济较为发达的省/市/地区教育部门也利用地方财政搭建起教育城域网,通过宽带骨干网,对上连接省/市有关单位和CERNET、互联网主干网,对下连接各区/县教育局、学校,沟通全省市教育系统、各事业单位和学校,为区域教育提供全方位信息化应用服务,比如提供现代远程教学、共享教育信息资源、交换教育教学管理信息、实现实时视频信息传输等。

教育城域网的兴起源于教育部"校校通"工程,该工程的目标是用5~10年时间,加强中小学信息基础设施和信息资源的建设,使全国90%左右的独立建制的中小学校能够建立网络,同时鼓励有条件的城镇地区把辖区内若干中小学校作为一个整体建设"教育城域网"(Educational Metropolitan Area Network),实现资源共享。教育城域网的发展不仅有效消除了校园网建设"各自为战"的弊端,而且节省了大量的建设资金。目前教育城域网已经发展成为地区教育管理信息发布、教学资源交流、家校对话的大平台。73.2%的地市和县市建立了地区性教育信息网络,其中有不少只建立了地区教育信息网站,并未真正架构城域网络。

教育城域网大多使用本地网络运营商提供的服务。根据2008年7月发布的中国互联网发展状况报告,截至2008年6月底,中国网民数量达到2.53亿,网民规模跃居世界第一位,比去年同期增长了9 100万人,同比增长56.2%。互联网在中国农村普及很快,4成新增网民来自农村。中国互联网国际出口带宽数达到493 729 Mbps,年增长率为58.1%。可以说,随着国内互联网基础建设的发展,各类学校连入互联网的门槛大为降低,使用网络化资源的可能性有很大的提高。

2.2.2 教育部门/学校信息化基础设施建设情况

从调查数据看到,我国教育系统信息化基础设施建设已初见成效。

➢ 教育部门信息化基础设施建设情况

从调查情况来看,教育行政部门信息化水平较高,人均拥有计算机台数为

1.44台,连网计算机平均比例为95%,单位平均有服务器8.9台,与互联网建立了连接的占85.1%,建立逻辑隔离内网的占80%,建立物理隔离专网的占32.4%。

➤ 中小学校园信息化基础设施建设情况

目前90%的中小学校都拥有至少一台以上的计算机。学校平均拥有计算机37.2台;有学生专用计算机的学校比例达61%,生机比为19:1;有教师专用计算机的学校比例达82%,师机比为3:1。72.7%的学校配备了计算机机房,46.7%的学校建设有多媒体教室。学校连网率达53.4%,相当于美国1998年的水平(51%),与英国2006年中小学无线网络普及率(41%~71%)接近。已连网学校出口带宽平均为64 Mbps,39%的学校拥有专门的服务器。

最近几年,因为农村中小学现代远程教育工程的实施,使1亿多名中西部农村中小学生从中受益。截至目前,农村中小学现代远程教育工程为中西部地区的23个省(市、自治区)以及新疆生产建设兵团配备了教学光盘播放设备440 142套、卫星教学接收设备264 905套、计算机教室40 858个,覆盖了中西部36万所农村中小学校。接受国家补助资金建设的江苏、浙江、山东、福建、广东等省也都采取不同的形式,建设了农村中小学现代远程教育环境。

➤ 中等职业教育学校校园信息化基础设施建设情况

中等职业教育学校的ICT应用条件较好。生机比为9:1,师机比为2:1。已有85%学校连入互联网,已连网学校出口带宽平均达107 Mbps,87.5%的学校有专门的服务器,97.5%的学校有计算机机房,87.5%的学校有多媒体教室。

➤ 高等学校校园信息化基础设施建设情况

高等学校校园信息化基础设施建设经过10多年的发展,已经取得一定的成绩,网络接入、网络覆盖、多媒体学习环境已经基本建成,基本上满足了师生的教学、学习和科研需求。平均每所高校34.03%的学生都拥有个人计算机。985/211高校的比例最高,达到58.47%,普通本科院校为35.69%,专科院校只有28.34%。从配备多媒体教室的比例来看,平均每所高校44.4%的教室都已配置多媒体教学设备。校园网络通达建筑楼宇的比例平均达到了85.32%,无线网主要在985/211高校中得到少量部署,2005年达到29.7%,当时美国高校的无线网络覆盖率为52.1%。

2.2.3 教育信息化基础设施建设目前存在的问题

从上面的叙述中可以看出,借助于教育部若干重大项目,中国教育信息化基础设施在最近十五年内有了长足的进步,但是与发达国家相比,在教育信息化一些关键的指标上仍存在较大的差距。

➤ 学校生机比

从教育信息化国际比较研究中发现，2005年美国公立学校的生机比（连网计算机）为3.83∶1，日本为3.3∶1。2006年英国从小学到19岁的教育阶段平均生机比为4.73∶1。而在2008年，中国42％的学校生机比大于20∶1，39％的学校生机比介于10∶1～20∶1，17％介于5∶1～10∶1，仅2％的学校小于5∶1；89％的学校师机比小于20∶1，67％的学校师机比小于10∶1，17％的学校师机比介于3∶1～5∶1，15％的学校师机比小于3∶1。

美国和英国都有向教师和学生提供手持电脑和笔记本电脑的借用服务，且提供借用学校的比率逐年升高，美国在2005年时达到19％和10％。这也表明这项政策对于解决学校生机比和师机比是卓有成效的。

一方面许多中小学缺少计算机，另一方面计算机更新换代很快，很多学校不断更换计算机，却很少去挖掘有效利用各种档次计算机的潜力。这方面日本就做得很好，他们会把淘汰下来的计算机专门用于学生学习打字，或运行一些"古老"（对计算机性能要求不高）但仍旧有教学效果的软件。世界银行WorldLink项目就专门谈到在计算机设备不足的情况下，如何有效利用有限的设备开展教学信息化的经验。在大力推进教学信息化基础建设的同时，这种合理利用资源的做法也很值得推广。

在高等院校，越来越多的学生开始拥有个人计算机，近年来笔记本电脑数量有所上升，但是还没有一所大学有笔记本大学计划。从国外笔记本大学计划数年的发展来看，只有当学生的移动计算机设备达到一定程度后，信息技术与教学的融合才能够做到深入、深刻，进入人才培养的整个过程。

2005年美国麻省理工学院多媒体实验室曾提出百美元计算机计划。在过去的几年中，为学生定制的廉价笔记本电脑出现了很多，国内也有一些厂商生产了两三千元人民币一台的笔记本电脑，并与一些地方项目结合，这成为一个学生一台计算机的可选解决方案。

> 学校互联网接入率

2003年时美国公立学校就已实现了100％连网，日本也在2006年基本达到了中小学百分之百接入互联网。

从对美国基础教育信息化的发展数据分析中可以发现，美国政府强调建设教育高速公路促进了美国教育信息化的发展。同样是政府决定抓住信息时代机遇大力发展互联网的韩国，在2005年初中学校的无线上网率就为83.6％，而高中无线上网率为89.3％，大学及以上教育机构相对低一些，占79.3％。

互联网的接入增加了学校获取大量免费高质量教育资源的可能性，对教学的影响十分显著。但是对于发展中国家，很难有财力在短时间内在所有学校普及互联网。印度和巴西都是使用教育卫星传递多媒体教学资源。对于中国来说，教育卫星所提供的双向通信通道，有可能是实现全国所有地区中小学平等使用互联网资源的重要途径。

对于高等院校,互联网接入主要通过 CERNET。CERNET 的网络流量以每年翻一番的速率增长,其在网络传输能力、主干网带宽、网络管理和安全保障服务、公共网络应用支撑能力等方面远远不能满足我国教育和科研的发展需求,线路冗余与设备严重不足,与国际国内其他网络的互连互通存在瓶颈。

➢ 校园信息安全

这次调查发现,大中小学校的信息安全建设还较为薄弱,仅有少部分学校建设有信息安全系统。64%的中小学没有统一提供网络防病毒系统;80%的中小学、58%的高校没有建立网络运行状态实时监测系统;83%的中小学、50%的高校没有建立信息过滤系统,已有的信息过滤系统大都为网页内容过滤,其次为垃圾邮件过滤;88%的中小学、51%的高校没有建立入侵检测系统;只有4.4%的高校通过了信息安全测评或认证。目前从整体来看,全国教育系统网络运行安全保障体系的建设工作还有待进一步完善,相比信息化设备的建设、校园网的建设,网络安全方面的建设工作还未得到充分的重视,处于起步阶段。

如果将教育信息化基础设施建设阶段划分为"解决有无"、"普及分布"、"性能提高"三个阶段的话,国内还存在一部分地区中小学教育信息化基础设施处于刚刚起步阶段,已经先行一步的地区包括高等教育系统正处于需要更新换代的"性能提高"阶段。而如果要实现跨越式发展,填补数字鸿沟,必须要加强国家级公共教育信息化基础设施的发展。

2.3 数字化教育资源建设情况

2.3.1 国家级教育资源建设情况

➢ 基础教育资源建设与利用已成体系

国家级教育资源建设都是在几个国家级大项目的带动下完成的。这包括"农村中小学现代远程教育"项目,以招标、投资等多种形式,鼓励企事业单位开发教育资源,初步建成了基本满足农村中小学教育教学需要的资源体系——国家基础教育资源库(7类资源,36个学科,4 129学时的学科知识点教学资源,2 869小时的学习辅导、专题教育和教师培训视频资源,12 507条多媒体教学素材,覆盖1~9年级多种版本教材的教育教学内容),并通过高效的卫星传输系统,每天通过固定IP频道播出。这些资源不仅随着农远工程"三种模式"教学应用的广泛深入走进农村中小学课堂,使农村中小学优质教育资源严重匮乏的局面得到有效缓解,也对东部和中部的优质教学资源建设和利用起到了积极促进作用。很多省市都建立了自己的基础教育资源库,向上连通国家基础教育资源中心,向下通过教育城域网,惠泽所辖区域的师生。

目前在基础教育领域,中国政府先后投资建设了计算机辅助教学软件研制开发与应用项目、中小学教师继续教育资源、国家基础教育资源网、中小学教育教学资源等项目,众多省市也投资建设了基础教育资源中心和网站。越来越多的企业和学校投资开发的教育资源库(网)也成为基础教育信息化最为活跃的部分,如国家基础教育资源网、华教远程教育网、中国基础教育网、中小学教育教学网、中小学信息技术教育网、校际通学科网络课程、中央电教馆资源中心、中国知识基础设施工程等。

➢ 高等教育资源建设已具规模

高等教育资源建设这些年取得的成果也很丰硕。教育部先后实施了"新世纪网络课程建设工程"、"高等学校精品课程建设工程"、"高等学校本科教学质量与教学改革工程"等一批具有示范性的典型工程,开发了一批基础性、示范性的网络课程、案例库、试题库、课程平台和国家级精品课程,高等教育数字资源建设已经初具规模。1997年启动的96-750项目,研制开发了近80种教学软件,出版发行了40余种,基本覆盖了目前我国高等教育的重点课程;开发了40多种试题库,其中已推广应用的有30余种。"面向21世纪教育振兴行动计划"专项投入4 000多万元实施的"新世纪网络课程建设工程"建设了300多门网络课程;截至2008年底,高等学校本科教学质量与教学改革工程已评审并支持建设了约2 300门国家精品课程及资源共享系统,覆盖了全国30个省(市、自治区)的327所高校,带动了省级精品课程和校级精品课程建设。

在"211工程""九五"期间,教育部启动了中国高等教育文献保障系统(CALIS)建设,通过国家部委级、地方政府级建设项目,建立了覆盖全国的三级共享服务网络,辐射到95%以上的本科院校和大部分专科院校,总共1 005个图书馆加入了这个网络,其中有560个图书馆(包括全国中心、地区中心、省级中心、文献传递馆和数图基地等)不同程度地对外提供共享资源和服务,占成员馆总数的56%。在CALIS共享体系下,小馆以最小的成本,即能为读者提供近乎于大馆的服务。

2001年启动的"大学数字博物馆"建设工程,已将18所高校富有特色的博物馆资源数字化,基本形成了地球科学、生命科学、人文艺术以及科学技术四大领域的数字博物馆群,数字化藏品资源总量超过10万件,并在中国教育科研网发布,对促进我国数字博物馆的建设及相关技术进步起到了很好的推动作用。

➢ 职业教育/成人教育资源建设方兴未艾

2001年启动的"现代远程中等职业教育与成人教育资源"建设项目,总计开发了130多个网络课程、多媒体软件和教学素材库,覆盖了18个职业教育专业门类的主干课程,开发了100多个与国家职业教育规划教材相配套的多媒体课件,面向社会征集评选了50多个优秀职业教育教学软件。此外,职业学校自主开发了大量的多媒体教学资源,一些企业积极开发和引进了一批国外优质职业教育资源。政府、学校、社会和企业等多渠道建设职业教育资源的工作机制已初步形成。

2003年启动的"国家现代远程教育资源库工程建设"项目为成人教育教学提供了大量的素材库和网络课程,已建成入库的课程资源、媒体资源、专业资源涉及78个专业、1 100门课程的5.7万条资源,总数据量达到3 000 GB;另外68所现代远程教育试点高校积极加强网络教育优质资源建设,已开设网络教育课程2万多门。

2.3.2 学校教育教学资源拥有情况

接受调研的中小学中,71.8%的学校拥有不同数量的数字教学资源。校均视频数字教学资源达195小时(国家免费提供比例为27%),校均非视频数字教学资源达79 GB(国家免费提供比例为63%),校均多媒体光盘资源161片,校均电子图书资源11 496册。55.6%的学校拥有自主开发的数字化资源,27%的学校建立了统一的教学资源管理平台。学校一般4个月更新一次数字教学资源,有14%的学校自评资源使用率较高。

调查发现,国家对中等职业教育学校的数字资源建设的投入情况不如中小学。绝大多数中等职业教育学校拥有的数字教学资源中国家免费提供的比例约为15%。校均视频数字教学资源达385小时,校均非视频数字教学资源达269 GB,校均多媒体光盘资源97片,校均电子图书资源6 249册。25%的学校建立了统一的教学资源管理平台,中等职业教育学校中自主制作资源的学校比例达到85%,说明中等职业教育学校具备一定的资源自主开发能力。

高等学校电子资源建设很受重视,近三年整体经费投入平均值是68.58万元,大约占全部信息化资金投入的25%,接近英国大学图书馆电子资源采购比例(20%~30%),有24%的院校(几乎全是211院校)在数字资源上投入的经费比例超过40%。45%的本科院校已从单纯的数字资源服务进入数字图书馆阶段。几乎每个图书馆都有电子书,拥有10万册中文电子书的有133家,占87%;非211院校88家,占到总数的59%。有69%的图书馆至少建有3个以上的文献数据库。图书馆加入国家或地方网络图书馆的学校占42.9%,还有一半以上的图书馆没有实现互连互通,接近一半的学校没有建立统一的学科教学资源管理平台。

2.3.3 数字化教育资源建设中存在的问题

随着国家对数字资源建设的大力投入,我国各级教育系统的数字化资源都有了很大的发展，在教学和人才培养中发挥了重要的作用。同时，也需要看到其中存在的问题和不足。

在基础教育、职业教育领域，数字化教学资源建设存在优质资源缺乏、重复建设、缺乏共享机制、使用率不高的老问题，也许可以借鉴高等教育领域类似CALIS的能够统领全国资源库建设的专业学术机构和项目。以政府投资共建项目来拉动和组织教学资源库建设是当前的最佳选择。这类项目由于级别较高，规模大，更容易获得包括学术界、产业界在内的众多社会领域的支持，从而在建设过程中，凝聚更多的力量，带动相关领域的同步发展和持续支持。这种做法也被证明为是行之有效的国际做法，如美国的科研图书馆协会ARL、G8全球信息社会电子图书馆项目。CALIS项目以及各地区中心、省中心的项目和教育部高等学校图书馆情报工作指导委员会的工作，从发展意识和方向上缩短了各高校图书馆间的差距。

由于院校间、地区间图书馆经费的巨大差距，以及图书馆本身发展的不均衡和过去的基础不均，导致高校数字图书馆建设极度不均衡。

在高等教育领域，由于缺乏权威的政策规定，高校每年大量产出的研究成果和论文多被出版商控制或者被商业机构收购，反过来高价卖给学校，这既增加了图书馆的负担，又不利于共享。

无论是基础教育还是高等教育，都存在可用学科教学软件不多、仅有的专用的软件也很少应用的情况，十分不利于学科教学与信息技术的深层次整合。

国内开发教学资源的专业化水平不高，这表现在由教师开发的教学资源受限于制作技能只能是模型，由公司开发的资源从成本销售考虑，过于追求系统全面，而造成特色不突出。这方面需要向英国学习，英国的多媒体教育资源绝大多数由专业公司或其他的教育机构开发，有健全的教学设计师队伍，由这些公司开发的相当部分的资源是免费的，比如英国最大的传媒公司BBC就有专门为儿童开设的频道，提供大量可用于教学的游戏、活动设计等方面的内容。

从数量上来说，各级教育的数字化教学资源已经不少了，但是总体利用率都不高。这也影响了建立良性可持续发展的资源开发机制。一方面优质资源没有脱颖而出的途径，另一方面学校缺乏经费购买需要的软件。英国的做法可以借鉴：商业公司开发的产品通过民间学术协会Becta和QCA进行专家和用户的评估，评估通过的产品发布到国家课程在线网站，并列入学校可采购软件清单，政府为了鼓励学校购买教育资源，专门设立了被称为ELC的电子化学习专项基金，该基金由中央财政通过地方教育部门分配到所有学校，学校（通常是学科教师）有权决定在已通过评估的产品清单中选择购买哪些教育软件。

如果将数字化教育资源建设阶段划分为"资源有无"、"能用"、"好用"三个阶段的话，各级各类教育资源都处于"能用"阶段，数字化教育资源已成系统规模，但好用的不多。归根结底是因为没有建立优质教育资源的良性建设模式,优质资源的共享和利用缺乏规范化、系统化的设计和指导,呈现出数字资源建设的无序状态,从而造成了资源建设投入的浪费和利用的低效。

2.4 教育信息化关键应用情况

2.4.1 教学信息化应用情况

➢ 在中小学和中等职业教育学校,学科常规教学中应用信息技术已较为普遍

调查显示,61%的学校的计算机多媒体设备"使用率高于40%"。其中,21%的学校设备使用率高达"80%以上",18%的学校使用率位于"60%~80%"。教师每周使用计算机的平均时间由2005年的不足7小时[①]上升为9小时。在所有学科中,最经常(按上课时间)采用信息技术辅助教学的学科依次为语文28%、英语27%、数学18%、综合实践课8%、物理5%、化学3%。信息技术主要用于制作传递教学内容的课件,作为"师生活动平台"的应用只为3%。25%的学校反映信息技术在教学中的应用对教学效果提升"非常有帮助",62%的学校反映"有较大的帮助"。8%的学校使用网络教学或辅助教学平台。

中等职业教育学校的应用情况与基础教育学校基本类似。10%的中等职业教育学校建有网络教学或辅助教学平台。最经常采用信息技术辅助教学的学科依次为英语、语文、数学、综合实践课、专业课、物理、化学。79%的学校反映信息技术的应用对于改进教学效果有"较大的帮助",其中16%认为有"非常大的帮助"。教师反映信息技术教学应用的主要困难集中于技能偏低、设备不足、资源缺乏和时间不够。

➢ 高等学校教学信息化与国外大学相比存在较大差距

在高等教育领域,52.7%的学校有统一建设的网络教学或辅助教学平台,34.2%的学校建有统一的网络考试平台。对于学生基于网络平台进行的自主学习,学校并没有出台足够的政策来支持,就985/211学校来说,仅有25.0%的院校对此有相应的鼓励政策,但普通本科院校鼓励基于网络平台的学习达到了31.6%。

从配备多媒体教室的比例来看,每所高校平均44.4%的教室都已配置多媒体教学设备,各类高校的差距不大,专科院校比例为40%。全国高校多媒体教

[①] 王珠珠,刘雍潜,黄荣怀,赵国栋,李龙.中小学教育信息化建设与应用状况的调查研究报告(上).中国电化教育,2005,10,25-32.

室的利用率达到了 90.93%，而且全国各地各类高校的利用率很接近，说明多媒体教室的使用率在全国各类各地区的高校中是很高的，是几乎没有差距的一个统计量。

在教学资源库建设方面，建立了全校统一的教学资源管理平台的学校有 53.4%，占所调查学校一半以上，但也有接近一半的学校没有建立统一的教学资源管理平台；学校或院系统一建设的面向学科专业的教学资源库平均数目为 9 个，各资源库中各种教学资源的容量平均为 486.98 GB；电子教学资源平均 59 天更新一次。

教学资源库容量在不同规模的学校间无明显差异，在不同类型的学校间存在明显差异，一般规模较大的学校的教学资源建设投入较多，985/211 学校的教学资源库容量远大于普通本科和专科学校。

不同的信息化资金保障对教学信息化的建设有一定的影响，信息化资金投入在 2 000 万以上的院校中，多媒体课程与总课程的比例达到 70%，说明在这些学校里，多媒体授课方式已成为教学的常用方式。

2.4.2 科研信息化应用情况

科研是高等院校的重要社会责任。为了促进国内高等学校的信息化领域科研发展，教育部近年来启动了一些重大工程项目，如中国教育科研网格计划、大型仪器设备共享利用平台。

➢ 中国教育科研网格（ChinaGrid）计划

由于很多前沿学科领域的大量研究工作都需要高性能计算服务和信息服务，但一般高校的高性能计算基础设施较为落后，严重影响了科学研究和学科发展。为此，中国教育科研网格（ChinaGrid）计划于 2002 年 8 月开始筹备，2003 年 1 月进入实施阶段，2005 年底完成第一阶段建设，已有 13 个省市的 20 所高校完成了校园网格建设，开展了图像处理、生物信息、计算力学、海量信息处理和远程教育 5 类网格应用建设。

ChinaGrid 展示了在 CERNET 先进设施基础上开展网格建设的强大优势，为全国教育资源的整合和共享打下了良好的基础，为科学研究提供了先进的技术手段，为我国高校科研领域的源头性创新创造了良好的条件。

➢ 高等学校仪器设备和优质资源共享系统

由于大型仪器设备造价高昂，很多机构或者没有这些仪器，或者没有技术生产、维护或运行这些仪器。为了使每个有需要的机构都能使用这些高级仪器，让有限的资源得到最大限度的利用，建立校级的大型仪器设备中心或地区乃至全国的大型仪器共享平台，实现网上信息查询或网上预定，已经是国际的普遍做法。

教育部于 2004 年启动了"高等学校仪器设备和优质资源共享系统",目前 56 所高校的 561 台仪器设备信息上网,实现了网上设备预约、作业调度、计费管理、统计分析等功能;4 个高校分析测试中心实现网络化运营,计量认证样品和测试数据实现网上传递;实验教学示范中心网站建设已完成,支持国家级实验教学示范中心的网上申报、网上评审。

> 学校级科研信息化现状

从科研资源的建设与应用的调查统计来看,只有 22.8% 的高校提供支持科研项目的专业工具软件;仅 10.5% 的高校建立了可服务全校的高性能计算系统;14.9% 的高校有大型仪器设备的网上信息查询或预订服务。高性能计算系统的利用率平均比较高,为 259 天/年。

从学校建立的项目交流和协作平台情况就可以看出学校对待科研信息化的基本态度,统计显示,仅有 18.7% 的学校建有科研项目协作交流平台,建设科研知识共享平台的也仅有 21.9% 的院校,可见,我国高校的科研信息化支持水平不高,有待提高与加强。

50.0% 的 985/211 院校平均每天进行科研信息的更新,35.9% 的本科院校平均每周进行更新且本科院校之间更新频率并无太大差别。专科院校相对更新频率较低,有 40.9% 的专科院校一个月或者一个月以上才进行科研信息的更新。说明 985/211 院校对于科研信息的发布与更新较为重视,

科研资源容量在不同规模的学校间存在差异,在不同类型的学校间无明显差异。总的来说,学校规模越大,科研资源容量越大,985/211 学校的科研资源容量比其他学校大。

2.4.3 社会服务信息化应用情况

教育系统的社会服务主要是人才培养,主要表现形式为继续教育和现代远程教育。从 1998 年开始高校现代远程教育试点工作至今,教育部已经批准 68 所现代远程教育试点机构,共计招生 667 多万人,其中中央广播电视大学招生 419 多万人,其他普通试点高校招生 248 多万人。2007 年,全部试点高校共设立 5 034 个校外学习中心,其中在西部地区的学习中心数共计 1 247 个,占全部校外学习中心总数的 24.78%。

目前各试点高校开设专业总数为 362 种,共计 2 043 个。培养层次可分为专科、本科和研究生三个层次。其中专科层次开设的专业数目为 771 个,本科层次开设的专业数目为 1 268 个(含高起本、专升本、二学历二学位、本科第二学历),研究生层次开设的专业数目为 4 个(清华大学)。截止到 2007 年,我国试点高校共开发网络课程 20 834 门,参与校内共享课程数为 7 553 门,参与校际共享课程数为 5 526 门,参与校内学分互认课程数为 3 315 门,参与校际学分互认课

程数为 2 201 门,已形成涵盖普通高等教育、成人高等教育、继续教育、职业教育和岗位培训等教育类型,学历教育和非学历教育并举发展的办学格局,成为我国普通高等教育的重要补充,为培养社会需要的热门人才提供了灵活有效的渠道。现代远程教育的发展极大地推进了我国高等教育的大众化进程,已经成为我国高等教育体系的重要组成部分。

根据 2007 年的统计数据,各试点高校网络学院共拥有各类教学服务平台 322 个。所有试点高校都建立了自己的门户网站,有 92.75% 的高校拥有教学管理系统,37.68% 的高校建有语音答疑系统,24.64% 的试点高校建立了学生学习平台。部分高校还尝试了在线机考。

2.4.4 管理信息化应用情况

➢ 各级教育行政管理部门信息化程度最高

各级教育行政管理部门是教育领域信息化程度最高的部门。91% 的教育行政管理部门会使用邮件系统,71% 的教育行政管理部门会使用信息发布与管理系统,会使用内部公文流转系统的也达到了一半多。典型的业务工作,如财务管理系统(61.4%)、人事管理系统(43.2%)、设备资产管理系统(40.9%)、招生系统(40.9%)、毕业生派遣系统(9.1%)通常有对应的管理信息系统,20% 的单位有财务监管系统,12.5% 的单位有资产监管系统。业务实现信息化平均比例为 41.8%。40% 左右的部门数据可以与上、下级及外单位共享。信息化发展有效地支持了政务公开,88.6% 的单位已经在门户网站上建立政务公开专栏,促进了管理部门基本数据库建设,有效地支持了领导决策。

➢ 高校管理核心业务信息化程度较高

很多高校已经建立了政务信息资源库及配套的统计和应用系统,在各项业务中信息化程度最高的是可对外公开的信息发布情况。部门内部信息共享与业务流转程度要好于部门间信息交流与共享程度,部门间的信息交流大部分还需人工干预。信息化程度最高的是图书馆业务流程,其次是教务管理、财务管理、研究生管理和资产管理,而后勤管理和校友管理的业务流程信息化程度相对较低。在部门间的信息共享中,信息交流与共享程度较高的是图书馆和教务管理,其他部门间的信息交流与共享水平都低于中等水平。在各部门对外信息公开中,公开程度较高的是研究生管理、教务管理、图书馆和全校范围的办公自动化。目前,建立电子邮件系统的高校有 70.8%,建立校园公告系统(BBS)的学校有 37.1%,建立了校园一卡通系统的学校有 60.2%;其中 90% 学校的校园卡实现了餐卡功能,40%~50% 学校的校园卡具有图书证、洗浴卡等多项功能。大多数高校在信息编码标准制定中应用了国家或行业的数据标准,有 47.9% 的高校应用国际和行业技术标准。

➢ 中小学学校管理现代化有待提高

基础教育领域的管理信息化多由主管教育部门提供网站,建设有学校门户网站的学校比例为14%,具有校级电子邮件系统的学校比例为11.15%,建有信息管理系统的学校比例为10.11%(其中,有17%使用教学教务信息系统,16%使用学生信息管理系统,13%建有办公自动化系统,8%有档案管理信息系统)。

2.4.5 教育信息化关键应用中存在的问题

从以上综述可以看出,各级各类教育信息化关键应用正在不同程度地开展,如果将教育信息化关键应用的发展阶段分为"单个应用"、"数据互通"、"流程再造"三个阶段的话,目前的教育信息化应用正处于从"单个应用"到"数据互通"的过渡阶段,鲜有学校能够从整个学校的角度进行统一全面的教育信息化规划。这就造成了学校内、区域内有众多的信息孤岛,急需基于信息技术开展创新业务重组改造,随之而来的是教育部门各关键应用领域系统的标准化研究工作。

2.5 教育信息化人才培养

教育信息化的发展需要有能够建设教育信息化的人才队伍,包括技术人员和能够使用信息技术开展教学的教师。

2.5.1 全国范围的重大教师培训项目

➢ 全国中小学教师信息技术能力培训已经普及

截至目前,国家启动的"全国中小学教师教育技术能力培训计划"在全国26个省(市、自治区)培训教师1 628 084人次[①]。企业公司、国际公益组织在中国中小学教师信息技术应用能力培训中也做出了积极的贡献。如,2000年启动的"英特尔®未来教育"教师培训项目在全国32个省(市、自治区)累计培训一线学科教师1 056 211人次,2003年启动的教育部-微软"携手助学"项目在全国32个省(市、自治区)累计培训信息技术专任教师达111 625人次。此外,UNDP/403项目、中欧甘肃基础教育项目、中国和联合国儿童基金会爱生远程教育项目、中加基础教育能力建设项目、明天女教师远程教育项目等,为西部农村地区教师的教学能力(包括信息技术应用能力)提升提供了针对性较强的理念、方法和资源支持。与此同时,各省市依托"能力计划"、"农远工程"、各类培训项目等也开展了

---

① 全国中小学教师教育技术能力培训计划项目办公室. 全国中小学教师教育技术能力培训计划统计报告. 2008.

不少针对教师的教育技术能力培训。这些都对教师在掌握信息技术基本知识和技能的基础上,结合具体教育教学,有效地应用信息技术发挥了积极的促进作用。

> "全国教师教育网络联盟计划"建设初见成效

2003年9月,教育部启动实施了"全国教师教育网络联盟计划"(全国网联计划),其宗旨就是要努力促进人网(指教育信息化专业队伍建设)和天网、地网及其他教育资源优化整合,运用现代远程教育手段,构建以师范院校、其他举办教师教育的高校和教育机构为主体,以高水平大学为先导和核心,区域教师学习与资源中心为支撑,校本研修为基础,职前职后教育一体化,学历教育非学历教育相沟通,覆盖全国城乡、开放高效的教师教育网络体系,共享优质教育资源,提高教师队伍的素质。

截止到2008年9月,全国教师网联成员单位开设的远程学历教育专业总数是173个,其中教师教育专业92个,占总数的53.2%。根据2007年的统计,全国教师网联9所普通试点高校有远程教育学生244 233人,其中师范专业学生为137 295人,约占全部学生的56.21%。中央电大有远程教育学生2 076 212人,其中师范专业学生为288 013人。西部、农村地区的学员增幅明显,全国教师网联8所师范院校的网络教育学生中,来自西部地区的学生为44 891人,约占全部学员的23.8%。全国教师网联中小学教师继续教育网目前已经在26个多省(市、自治区)建立了260个学习中心,提供网上课程800多门,培训人数达到42余万。

2.5.2 一线教师信息技术教学应用现状

基础教育领域,多数教师具备计算机基本操作技能。在"使用办公软件"、"使用光盘资源"上"较为熟练","较少担忧"技术出现故障。多数教师对信息技术的应用价值和重要性有着"非常积极"的认识。网上搜索、网络交流、网络学习成为一部分教师,尤其是城市地区教师学习与备课的重要方式。城乡教师技能应用存在差异。在故障担忧、使用光盘资源熟练度、课前搜集学生学习需求、小组讨论教学以及对信息技术应用价值和重要性的认识上,城乡教师之间基本没有差异。

调研发现,在信息技术教学应用的6个阶段中("知晓"、"学习"、"明白"、"熟悉"、"调整"、"创新"),教师数量最多的是"学习"阶段(认同度为81%)和"明白"阶段(认同度为78%),次多的是"熟悉"阶段(认同度为54%)和"知晓"阶段(认同度为38%),较少教师处于"调整"阶段(16%)和"创新"阶段(6%)。

42%的中等职业教育学校认为本校教师总体的信息技能"良好",37%认为"一般",21%认为"不太好,有待提高"。36%的学校报告学校中处于"学习"阶段的教师最多,32%的学校报告学校中处于"熟悉"阶段的教师最多,29%的学校报告学校中处于"明白"阶段的最多。

65%的高校定期对人员进行信息化技能培训。从平均水平上看,专科院校在信息化培训工作上的投入相比本科院校要高。65%的高校对人员聘任有信息化技能要求。

截止到2007年底,从事现代远程教育试点工作的教职工共315 854人,试点高校本部的教职工共1.9万人,占教职工总数的6%,校外学习中心教职工共29万多人,占教职工总数的94%。现代远程教育试点高校人员队伍结构日趋合理,人员分工日益明确和专业化。

2.5.3 各级各类学校信息化人才培养情况

进入21世纪以来,我国各级各类学校已经把信息技术教育作为重要的内容列入课程,组织学生学习。在基础教育阶段,几乎所有的高中、80%以上的初中(其中城市初中为95%以上,农村初中为60%左右)以及20%左右的小学已经开设了信息技术课程作为必修课[①]。高中课程改革中,信息技术作为一门课程,设置了1个必修模块和5个选修模块,不仅满足了基本信息技术能力的要求,而且兼顾了对信息技术有兴趣的学生的发展,提供了信息技术教育的合理解决方案。

职业教育中,面向全体学生普及了《中等职业学校计算机应用基础》必修课程,完成了对中等职业教育学校13个专业领域课程内容的信息化改造。面向信息技术产业的技术人员培养迅速增长,2007年,中等职业教育学校信息技术专业在校生达到400万人,当年招生近170万人,毕业生达到110万人,30%的学生取得相应的职业资格证书,为国家信息化发展培养了高素质技能型信息技术专门人才。

为适应信息化发展的要求,我国高校逐步调整和充实了信息技术及相关产业专业人才培养计划。据教育部门的相关统计,从2005年至2007年,我国普通高等教育信息技术相关专业人才培养数量不断增长,先后向社会输送了9 000多名博士、6万多名硕士、65万多名本科和超过131万名的专科毕业生,信息技术相关专业的在校生总规模达到了289.8万人,增长了3.8%。国家还根据软件产业发展的需要,批准在部分高校中,采用创新机制试办了36所软件学校,建立了国家计算机技术与软件应用技能紧缺人才培养培训基地180个,国家集成电路人才培养基地9个,有力地支持了国家信息技术产业的研究和产业化发展。

---

① 中国与联合国儿童基金会合作项目研究课题组.中小学教育信息化发展现状及趋势.中央广播电视大学出版社.2008.第一版.

2.5.4 教育信息化人才培养方面存在的问题

1998年,《国家信息化指标体系》的测评结果显示:信息化人才是国家信息化六个指标中得分最低(1.02)的一个。其他各项指标的得分分别为:信息资源开发1.14,信息网络建设1.22,信息技术应用1.27,信息产业发展2.36,信息化发展政策1.06。目前本研究还没有查到1998年以后国家信息化水平的测评文献。最新一份由英国经济学人信息部和商业软件联盟推出的报告显示,在全球IT产业竞争力排名中,中国排名第50位,较去年下降一位。报告认为,六大因素的相互作用可以为IT行业创造良好的环境,包括:充足的技术人才供给、支持创新的文化、世界一流的科技产业基础设施、保护专利与版权等知识产权的健全法律体系、开放且有竞争力的国民经济以及在平衡促进技术发展与让市场机制发挥作用时政府所表现出的领导力。报告认为,中国在研发环境方面表现出色,得分提高迅速,在全球排名第31位,比去年上升了7位。中国的法律环境表现出明显的改善迹象,排名从去年的全球第45位上升到今年的第39位。而在整体商业环境以及对IT行业发展支持方面仍然有较大差距,在这方面中国仅排名全球第60位。根据这些还很难得出国家信息化总体水平的进展以及教育信息化在其中的表现,但可以推断出,充分的技术人才供给、支持创新文化和政府信息化领导力等方面的表现并没有给中国信息技术竞争力增分,但也没有成为最低的指标。由此也可以推断,我国教育信息化支持国家信息化的能力已经有所提高,但仍没有形成对国家IT竞争力的重大贡献。

从整体上来说,现在各级教师队伍大多数会使用计算机,具有一定的信息技术素养,但是对于如何将技术有效地用于支持教学,即教育技术素养还较弱,高校教师也是一样。

虽然全国近年来培养了很多优秀的计算机人才,但是各级教育信息化人才队伍始终缺乏挽留优秀人才的机制,需要从政策上重视信息化专门人才的引进和培养,完善信息化人才考评和激励机制,培养一批具有较强战斗力的信息化人才,形成结构合理的队伍。

从整体上来说,各级学校组织保障力度还不够。以高校为例,信息化管理、建设和支持服务人员与师生数量比为1:500~1:600,这样势必影响服务质量。

2.6 教育信息化管理及政策机制

2.6.1 国家/地区层面有关教育信息化管理的政策机制

国家最近十年在教育信息化项目上的累计投资达到了百亿,借助这些重大项目引导和推动了教育信息化。在重视工程带动的同时,国家应积极研究政策和机制,促进教育信息化的发展。

党中央国务院高度重视教育信息化工作,顺应世界教育发展潮流和我国教育发展的需要,及时做出了以信息化带动教育现代化的战略选择。1999年在《中共中央国务院关于深化教育改革全面推进素质教育的决定》中提出,要大力提高教育技术手段的现代化水平和教育信息化程度。国家支持建设以中国教育科研网和卫星视频系统为基础的现代远程教育网络,加强经济实用型终端平台系统和校园网络或局域网络的建设,充分利用现有资源和各种音像手段,继续搞好多样化的电化教育和计算机辅助教学。在高中和有条件的初中、小学普及计算机操作和信息技术教育,使教育科研网络进入全部高等学校和骨干中等职业教育学校,逐步进入中小学。采取有效措施,大力开发优秀的教育教学软件。运用现代远程教育网络为社会成员提供终身学习的机会,为农村和边远地区提供适合当地需要的教育。2001年在《国务院关于基础教育改革与发展的决定》中指出:大力普及信息技术教育,以信息化带动教育现代化。各地要科学规划,全面推进,因地制宜,注重实效,以多种方式逐步实施中小学"校校通"工程。努力为学校配备多媒体教学设备、教育软件和接收我国卫星传送的教育节目的设备。有条件的地区要统筹规划,实现学校与互联网的连接,开设信息技术课程,推进信息技术在教育教学中的应用。开发、建设共享的中小学教育资源库。加强学校信息网络管理,提供文明健康、积极向上的网络环境。积极支持农村学校开展信息技术教育,国家将重点支持中西部贫困地区开展信息技术教育。支持鼓励企业和社会各界对中小学教育信息化的投入。

教育部在《面向21世纪教育振兴行动计划》和《2003—2007年教育振兴行动计划》中先后提出实施"现代远程教育工程"和实施"教育信息化建设工程"。通过大量的工程建设,有效地提高了我国各级各类教育的信息化水平。

通过与其他国家相比较,研究者发现一些国家在制定全国教育信息化规划方面有很多可取之处,比如英国、韩国、巴西等以定量目标确定发展里程碑,体现出对投资效益的追求,同时也比较具体和有利于执行。

建议方案规划可以像英国、韩国、巴西等,以定量目标确定发展里程碑,比如BECTA的2007—2008年度规划中为了实现在三年内为教育系统节省1亿英镑,相应的发展里程碑是"到2008年3月节省0.85亿英镑,再在2008年9月签订的合同中节省0.3亿英镑"。日本在规划中明确指出"由KERIS设置专家组,提供咨询和技术支持,市/道教育厅各自建立和运营自己的网络学习系统"。最后整个开展过程中还应进行阶段性的目标管理及弹性的策略调整。

2.6.2　学校层面有关教育信息化管理的政策机制

信息化制度保障在整个保障体系中是关键。通过制定相关的信息化制度，保证信息化工作有章可循。同时，将信息化上升到制度的层面，也可以加强各类人员对信息化工作的重视程度，变被动为主动，使得信息化的接受和推广工作能够更好地开展。

➢ 信息化管理得到了领导的重视

高校中信息化工作的最高领导为正校级的比例为35%。21%的高校设置了CIO职位，其中校级有27%，部处级有58%，科级有15%。59%的高校在院系部处设置了信息化主管领导。

基础教育中，学校管理层比较重视信息化建设。68%的学校有专门的领导负责信息化建设，其中35%的学校是由正校级负责信息化工作，29%由副校级负责，29%的学校由教务处主任负责。

➢ 50%的各级学校已经制定了信息化发展规划

有一半的高校将信息化规划策略反映在总体规划策略中，经济较发达的地区如广东、北京、上海等地，有单列的信息化发展规划的学校比例最高。信息化水平纳入院系考核的学校比例有57%，针对院系建立激励机制的学校比例为44%。信息化水平纳入教职工个人考核的学校比例有57%，针对院系建立激励机制的学校比例为36%。

基础教育信息化建设管理上逐渐规范。48%的中小学制定了信息化发展规划，16%的学校有单列预算，22%的学校将信息化预算放在各部门分预算中；42%的学校建有专门的信息化部门；在制定了规划的学校中，67%建立了相应的制度来保障信息化发展规划的实现。

➢ 信息化建设资金投入大，但维护培训资金缺乏保障

信息化资金保障是整个保障体系的基础，资金的投入是实现教育信息化的前提。国外高校的信息化建设费用往往是学校财政中的一笔常规预算，像基本的电费、取暖费一样。但在我国，部分高校信息化建设的资金还没有常规预算，大都来源于一些项目款，也有学校靠自筹资金或社会赞助。只有37%的高校将信息化经费预算单列为全校统筹信息化预算，有23%的高校没有成文的信息化预算。无论是985/211、普通本科还是专科院校，无成文信息化预算的学校比例都近23%。近3年高校信息化建设资金投入总额均值达到851.49万元，而近3年的年度运行维护费为104.76万元，培训及研究经费只有24.20万元。这一比例数据在一定程度上也反映出国内高校重建设轻维护、重建设轻培训的现象还仍然存在。

基础教育信息化建设投入所占比例较高。根据统计，学校近3年信息化建

设大约占学校建设投入总额的 28%。

2.6.3 教育信息化管理及政策机制存在的问题

虽然在各级教育行政部门的领导下,教育信息化已经有长足的发展,但是各级各类教育行政部门及多数学校的信息化建设与管理仍存在条块分割现象,缺乏有效的统筹协调和统一管理体制,各行其是,相互牵制,重复建设。而要解决这个问题,很重要的一点是要让各级信息化建设办公室成为实体单位,进一步落实机构、人员、经费等方面的工作,归口管理与统一协调全国各级各类教育机构信息化建设工作,履行教育信息化的规划、指导、组织、协调、评估、监督、服务等职责,并负责与有关部门和单位的沟通协作。

目前国内教育信息化发展存在的第二个问题是没有有机地整合社会力量共同兴办教育信息化,虽然也有企业在做教育软件和教育信息化服务,但与政府行为没有很好地对接。单纯靠教育系统自己做教育信息化,无论是资金还是人力,都存在一定的困难。

2.7 我国教育信息化发展的总体水平和基本经验

2.7.1 我国教育信息化发展总体水平分析

我国教育信息化始于 20 世纪 80—90 年代,从计算机教育、计算机辅助教学、到"建网、建库、建队伍",都是从少数学校、部分地区的实验试点开始。在这一阶段,基础设施建设的任务摆在了第一位。世纪之交,国家行政部门把教育信息化作为教育改革和发展的"制高点",提出用教育信息化带动教育现代化的发展战略,并采取了一系列重大措施强力推动教育信息化在基础设施、数字化资源、信息技术教育、远程教育、教育管理和电子政务等方面的建设与应用。同时通过 CERNET 和卫星网络的升级改造、中国教育科研网格计划、数字图书馆工程、数字博物馆工程、网络学院和教师教育网络联盟计划、农村中小学远程教育工程、教育技术标准的研制等一系列重大工程和关键技术攻关,有效地解决和缓解了教育信息化发展中突出的"路"、"车"、"货"严重不足和严重失调的矛盾,使全国较发达地区各级各类学校实现了信息技术学习环境,信息技术在各级各类学校的教育、教学、研究与管理中得到了越来越广泛的应用。图二是结合以上分析,采用等级评价方法(具体见表二),对教育信息化六个要素中的五个教育内部要素目前所处水平进行量化所形成的示意图。

表二 教育信息化五个要素发展程度描述

教育信息化基础设施	数字化教育资源	教育信息化技术应用	教育信息化人才培养	教育信息化管理及政策机制	程度赋值
单机	有,少	单个应用	明白	积极倡导	1
教室网络		多个应用多个数据库	知晓	组织队伍	2
卫星接入	能用,多	多个应用共享数据库	学习	列入规划	3
校园网		部门间文件及数据互通	熟悉	领导挂帅	4
互联网接入	精品多	部门间数据库级数据互通	调整	形成监测和评价制度	5
集成化环境	好用,多样	流程再造	创新	形成法规	6

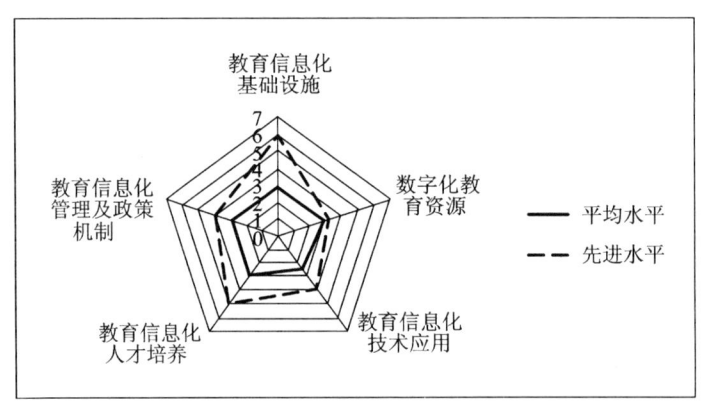

图二 教育信息化五个要素发展程度描述示意图

经过长期努力,我国教育信息化总体上已经从实验试点进入了推广普及阶段(以7级评价,总体上3级附近),应该从信息化推进的各要素入手,全面推进我国教育信息化的应用提高,使各要素进一步达到更高的水平。从目前情况看,数字化教育资源、教育信息化技术应用和教育信息化管理及政策机制仍然是发展中的"短板"。

2.7.2 我国教育信息化发展经验

深入总结和凝练我国教育信息化普及阶段的基本经验,形成教育系统和社会的共识和宝贵财富,对深化教育信息化发展具有重要的战略意义。本研究对近十年来的教育信息化发展的基本经验的归纳如下所示。

第一,政府主导、社会参与是发挥我国教育信息化后发优势的有力保障。信息化普及之初,我国政府坚定地做出了以教育信息化带动教育现代化发展的战略选择,先后启动了"现代远程教育工程(1999—2002年)"、"西部高校校园网建设工程(2000—2003年)"、"农村中小学现代远程教育工程(2003—2007年)"等重大工程项目。政府对教育信息化的高度重视和大规模投入资金,产生了明显的示范效应,加速了普及信息化的启动速度,降低了基层学校采用技术的风险和成本。目前,中央和地方政府启动的教育信息化工程大都已形成重要成果,成为全国或地区性的示范工程。政府工程带动了地方、学校和企业对教育信息化研发、推广和应用的巨大资金投入。教育行业已成为近年来IT产品和服务销售的重要领域。全国软件和硬件产品提供商、集成服务商围绕实现国家工程目标,发挥了重要的技术支持作用。我国教育信息化正在形成众人拾柴火焰高之势。

第二,关照差异、全面启动是我国教育信息化快速普及的有效策略。根据我国国情,教育部选择了以计算机互联网和卫星视频数字广播网相结合的技术路线。这一决策使我国各级各类学校在较短时间内,以不同的水平初步进入了数字化、交互式、网络化的教育教学环境。尽管不同地区、不同办学层次的学校环境条件的差异很大,却基本实现了从无到有的转变,数字化开始成为广大农村学校师生"看得见、摸得着"的基础设施。同时,在推进这些工程时,不是"一刀切"地强行推进,而是实事求是地关照不同地区、不同类别、不同学校的差异,重点对西部进行了支持。特别是农村中小学现代远程教育工程,区别学校类别,采用不同技术三种模式,连片推进,实行工程不同装备水平的全覆盖,创造了信息化工程能够惠及亿万农村中小学生的教育史新纪元。这些发展策略既体现了与时俱进和科学发展的要求,也为进一步推进教育公平要求下的教育信息化奠定了重要的基础。

第三,强调整合、注重提高质量是我国教育信息化发展的内在动力。尽管我国教育信息化发展之初,面临着"建网、建库、建队伍"的繁重任务,但是各级政府和教育行政部门都把应用引领始终作为推动我国教育信息化的主线。多年来,无论是基础设施建设、资源建设还是信息技术教育,都紧密围绕教育教学、科研服务和教育管理改革发展的任务展开。信息技术与课程整合,促进教与学的方式变革;发展远程教育,扩大教育规模,提高教育质量;发展电子政务,建设服务型政府,促进社会和谐。所有这些主题的深入推进,悄然支持和孕育着我国教育进入到以提高教育质量和效益为目标的新的"制高点"。尽管今天发挥信息技术促进有效教学还有相当的潜力,采用信息技术提高教育质量还需要实证和科学测评,但是,走继续发挥信息技术优势提高教育质量效益的中国特色的道路,已经在教育界和社会有关方面达成共识。这些共识揭示了教育信息化不只是技术人员的工作,更是涉及教育战线全体同志的事业。它必将集聚教育战线内外广泛的智慧,共同探索完成教育信息化的新任务。

第四,鼓励自主创新,参与竞争是我国教育信息化与IT产业发展相得益彰的重要途径。广泛的教育信息化应用领域是信息技术创新和创造性应用的"催化剂"和"实验床"。无论是IPv6新一代基础设施的建成、教育技术标准体系的形成以及陆续颁布,还是Z+Z数学教学平台等工具软件的开发,都显示了符合我国国情的教学信息化模式与教育信息化理论探索与创新。人们越来越深刻地认识到在全球化、信息化的时代,教育信息化发展既要吸收国外先进技术,更要加强自主创新,积极参与国际交流与竞争。这是信息化安全和有效发展的必要和重要保证。

第三章
我国教育信息化发展的历史机遇与发展瓶颈

面向未来,我国教育信息化总体上要从推广普及向应用提高转变。通过教育信息化的持续发展,为实现我国教育的全面提升创造技术环境,促进教育思想、教育模式、教育水平、教育公平的全面发展。准确把握未来一段时期国家社会经济发展和教育发展阶段的新特征和新要求,科学判断信息技术可能带来的新机遇和新挑战,找准影响发展的瓶颈问题,充分利用国家信息化和教育信息化已经形成的成果和各种有利因素,将会有利于更好更快地完成用教育信息化带动教育现代化,实现从人力资源大国向人力资源强国转变的宏伟目标。

3.1 我国教育信息化面临的历史新机遇

面对教育发展的新形势、新问题,教育信息化发展必须抓住新的历史机遇。

■ 远程教育成为推进教育公平不可替代的重要手段。发展远程教育,开发教学资源,实现优质教育资源的共享,能够在短期内为师资力量较弱的地区提供信息化的教学环境和优质的教学资源与课程。消除"信息贫困",必然会拉动教育公平的进程。远程教育将惠及农村中小学生、农村各类人口、边远地区的继续教育学习者,也将促进政府最终实现公平配置师资和其他教育资源。

■ 数字化学习成为提高教育质量的有效手段和基本工具。加快开发网络课程,发展多媒体教学、混合式学习和在线学习,共享优质教学资源,进一步推动信息化与教学的融合,加快转变传统教育模式,推动教育结构优化与升级,教育信息化会表现出对教育的全方位的、综合的、渗透性的、持久的、不可逆转的积极影响。在资源有限的条件下,只有积极探索如何创新与创造性应用,才能让信息化帮助每一个人实现平等获得所需要的任何优质资源的学习,也才能够更好地实现社会和人的自由而全面的发展。

■ 国民信息技术技能和信息技术专业人才成为国家发展的必需资源。国民经济和社会信息化的发展,不仅对信息技术人才的数量和质量提出了更高的需求,而且在科研信息化、信息技术融合于传统工业化过程等方面对教育信息化提出了进一步发展要求,信息化技能和人才培养不仅是相关专业人才培养的任务,也是各级各类人才培养必须要解决的问题。

■ 信息化平台成为构建学习型社会的重要载体。完成建设学习型社会的任务,在我国必须要面对的一个问题是,知识和技术主要集中在教育科研机构、大型企业,集中在城市。因而,全民学习必须要借助信息化的平台,完成知识的传播与辐射。完善信息化网络环境,使用低成本的信息化设备,采用新技术实现更好更便捷的学习,将成为教育信息化不断增长的新需求。

■ 电子政务成为建设服务型教育行政的重要形式。教育电子政务能够为社会提供一个高效率的信息平台,将教育部门和学校的信息与公众的需求紧密结合起来,将教育活动与广大人民群众的活动紧密联系起来,促进办人民满意的教育要求的落实。

3.2 信息技术发展加速教育信息化进程

信息技术是现代科学技术最重要的组成部分之一,主要指利用计算机和现代通信手段实现信息获取、传递、存储、处理、交互、应用等操作的相关技术。在教育信息化建设过程中,信息技术的应用,特别是高速发展的信息传递、检测、提取、识别技术,信息处理技术、信息安全等,深刻影响着我国教育发展。

网络技术 网络是信息传递的通道。随着网络技术研究的不断深入,网络已不再局限于传统意义的 IP 网,而表现出多网融合、多模式驱动、普遍存在性、智能性等发展趋势。首先,现实世界与数字世界日益融合使信息系统实现全局通信、用户周围环境感知与动态自适应成为可能;无线传感网络与有源驱动网络集成为用户构建起嵌入式透明化网络环境。其次,时刻最优连接网络(2G、3G、3G LTE、4G、Wi-Fi hotspots、Wi-Max、xDSL、FTTx、有线网、卫星传输、PLC 等)使用户获得任何时刻的最优网络接入服务,甚至允许用户同时接入多网络,应用各网络分别提供的服务组件组合为某个特定目的服务。第三,自组织网络或主动网络的出现使得网络服务转向用户定制中心化。第四,下一代网络体系结构设计研究使网络应用、管理、控制等方面都与现有互联网有较大差异。这些网络技术的变革性理念带来教育信息化的跨越式发展。

网络技术的变革推动教育信息化支撑网络向多模式接入、个性化定制、面向服务架构、功能与管理集成格局转变。主要表现在:骨干网(CERNET、CEBsat、CERNET2、ChinaGrid 等)传输高速,带宽加大,网络更安全高效,有线、无线 IPv4、IPv6 和传感器网络、移动 IP 网、ad hoc 网络等多种网络协同融合,教学、科研、教育管理、教育服务等环节数字化程度提高,资源整合集成加剧,统一用户管理、统一资源管理和统一权限控制的面向校园内外、跨越时空界限的虚拟校园建设卓有成效。此外,大规模的广电网络数字化改造、卫星传输完成了模拟传输向数字传输的转换,数字电视等使模拟信号网与数字信号网资源得以共存共享。这样,一个以多媒体计算机终端、中小型服务器为基础设备,结合海量数据处理技术、多媒体技术等为教育信息化搭建内容丰富、使用便捷、功能强大的网络化教育环境的工作已初步完成。

存储技术　教育信息化建设离不开海量信息存储。随着存储技术的飞速发展,存储设备容量增大,尺寸变小,读写时间不断缩减,存储芯片的访问能力不断提高,SSD应用逐步推广。存储硬件性能的提高为快速存储海量教育资源提供了物理保障。介质存储技术方面,多维全息存储、光子存储、蓝光存储等光存储技术发展迅猛,高密高效高速的母盘刻录技术、DVD单面盘的精密注塑及双盘的封装技术等关键技术研究得以顺利开展,廉价磁盘冗余阵列(RAID)、光盘库、光盘塔、光盘阵列等支持海量数据存储密度和存取速度。软件存储研究中,基于内容的多媒体信息存取、图像分块分层快速存取、关系索引等多种新型算法大大提高了海量数据检索与访问效率。今后,为适应教育信息化资源存储与保护的需求,还有许多理论问题、工程问题亟待深入研究,主要集中于网络存储、数据安全、资源检索定位、数据快速存取、海量数据管理等方面的算法理论研究与产品开发。

海量数据存储技术发展促进数字教育资源的整合与共享,是保证教育信息化服务质量的重要前提。研发大容量、高存储密度、高存取速度的存储设备是降低教育信息化数据存储代价,提高终端设备的处理速度,开展多媒体教学、虚拟教学、虚拟实验的必要支持条件。然而,现有存储技术尚不能满足教育信息化需求:一方面,计算与存储速度不匹配。主要表现为CPU存储运算能力与存储介质间读写速度的不匹配、存储设备数据静态存储能力与动态访问能力的不匹配。这种差距直接影响了信息化教学实施的范围、效率和质量,制约着多媒体教学模式、互联网教学模式的大规模应用。另一方面,海量数据存储保护机制的不完善使得数据损害风险增大。因此,研究分布式存储与共享(基于网络的存储隧道技术和本地IP存储技术等)将进一步促进教育信息化资源存取技术的进步。数据备份技术、数据恢复技术、数据加/解密技术等将增强存储数据的可靠性、安全性、完整性等,为教育信息化提供更加稳定、安全的存储软环境。

多媒体技术　数字音视频技术、多媒体数据压缩技术是信息数字化的核心内容。移动通信技术与多媒体技术的集成是多媒体技术发展的一个重要方向。多媒体的无缝迁移使用户移动时能够实现任务无缝迁移至新场景下主动继续执行,主要研究内容涉及多媒体迁移机制、情境觉察、多媒体迁移对环境的自适应、多媒体迁移算法、软件支撑平台等。

多媒体技术在教育信息化中的应用改变了传统的教学手段,使难以清晰表达的教学内容形象、生动、直观地显示出来,大大增加课堂信息量,提高教学效率。近年来,网络化多媒体应用,如远程学习、远程答疑、计算机会议系统、视频点播 VoD (Video on Demand)等,是多媒体技术应用于教育信息化中的主要形式。今后,基于音视频交互技术的移动多媒体系统使不同地点的教师、学习者通过移动终端进行交流、讨论等活动,开展协作式学习,分享、传递各自的专门知识,实现知识重构。基于移动多媒体视频点播技术的自主型远程学习系统可使学习者在任意接入点实时观看现场直播教学,自主选择学习内容,是教学资源导向学习模式的实现形式之一。基于组播(多播)技术、多媒体同步技术等,移动多媒体广播实现一对多的移动教育。随着相关技术的逐渐成熟,逐渐完善的移动媒体技术将不断地推动移动教育向前发展。

虚拟现实技术 虚拟现实技术主要包含实物虚化技术、虚物实化技术、高性能计算处理技术三方面,具有多感知、沉浸感、交互性和自主性四个重要特征。实物虚化技术主要包括基本模型构建、空间跟踪、声音定位、视觉跟踪和视点感应等关键技术;虚物实化技术指为用户提供虚拟环境中高真实感的认知技术;高性能计算处理技术主要包括数据转换、实时逼真图形图像技术、声音合成与空间化技术、数据融合压缩技术、模式识别等。通过虚拟现实技术,利用计算机模拟生成逼真的、具有三维视觉、触觉等多种感知的虚拟环境,使用户仿佛置身于生动形象的具有视、听、触觉的感观世界并与之交互,产生与真实世界相同的反馈信息,获得与真实世界同样的感受。近年来,借助互联网,分布式虚拟现实成为虚拟现实技术研究的热点,具有虚拟空间共享、伪实体的行为真实感、支持实时交互、多用户多模式通信等特征,是虚拟现实将来发展的一个重要方向。

虚拟现实技术为提高教育信息化水平提供了一种崭新工具,远程设备虚拟共享能够节约教育物理成本,提高设备利用率;虚拟实验、虚拟培训能够提高学习者的认知能力,增强学习过程真实感。当前虚拟现实技术在教育信息化中的应用主要表现为虚拟教学、虚拟实验室、虚拟学习社区形式。虚拟教学突破人、机之间信息交流呆板的数字化方式,在如临其境的人机和谐信息环境下开展教育活动,在理工科教学中的应用更为广泛,如同济大学、东南大学的建筑专业虚拟教学,中国地质大学的地质晶体学虚拟教学等。虚拟实验室通过虚拟化、分布式的问题环境提供给用户一个基于网络的实验教学、技术交流、协同工作的平台。虚拟现实技术按技术可分为沉浸型、桌面型、共享型、增强现实型四种类型,按所虚拟对象可分为互联网实验室(真实机器的远程虚拟共享)、虚拟现实实验室(软件支撑的虚拟机器共享)。虚拟学习社区是一类基于虚拟现实技术构建的以教育服务为目的的虚拟组织的统称。已出现的以实体教育组织为依托构建的虚拟教育空间,如各高校建起的电子学习空间、在线学习社区、网上学习社区等都是基于虚拟现实技术对传统现实教育空间的时空拓展。

终端技术 终端是信息化教学活动中与用户直接交互的设备,一般分为固定终端和移动终端两类。终端的性能直接影响着教育信息化活动的效果,因此,研制具有高计算能力、匹配于网络技术和多媒体技术等、适应教育发展需要的终端设备是推进教育信息化水平的客观要求。近年来,移动通信技术、多媒体通信技术、移动计算技术、智能技术不断成熟,带来了终端移动化、智能化两大发展趋势。开发能提供文字、语音、图像、触觉输入等的多模式人机交互智能终端是发展智能教育的前提,推广独立于本地存储的网络计算机 NC 是教育向网络化深入发展的重要举措。此外,探索集成不同终端功能的综合性设备如电视计算机、计算机电视等也是终端设备研发的方向之一。

3.3 教育信息化深化发展需要消除的主要瓶颈

我国教育信息化已经进入应用普及阶段,下一步如何实现教育和信息化的融合和协调发展,需要认真研究和分析目前教育信息化发展中存在的问题,找出制约发展的关键问题和瓶颈。

本研究认真分析了影响教育信息化发展的如下问题。

- 思想观念冲突。尽管信息化已经发展多年,可是正确认识信息化仍然是教育信息化发展中的最大挑战。推动信息化几乎无一例外遇到根深蒂固的部门"山头主义"的制约,部门或地区甚至小团体利益是形成"信息孤岛"的温床,阻碍了教育信息化的标准化、开放、共享。

- 人才资源准备和支持不足。缺乏高水平的职业化的教育信息化人才队伍,并且当前队伍的知识结构和年龄结构不符合 IT 发展的需要的问题始终没有得到较好的解决。这一问题在基础教育中尤为突出。

- 优质教育信息资源明显缺乏。无论是基础教育对学生开展信息化教育和采用信息技术手段进行教育,还是高等教育采用基于信息技术和平台的创新性学习,优质教育教学信息资源都显得十分匮乏,难以支撑教育改革和教育创新。

- 信息化在建设推动和应用方面面临着诸多挑战,如:低水平资源泛滥;培训考核脱离学科教学实际;信息化标准滞后,信息交换和共享困难;信息化建设的工程化水平低,有些工程有"跟风"和"政绩工程"色彩,建设任务完成后难以可持续发展。

- 资金投入没有持续保障。信息化不仅需要建设资金,更需要持续的系统升级、优化和运行管理、维护与服务方面的资金投入作为保障,否则,大多数信息化项目会在发挥效用之前夭折,造成信息化投资的极大浪费。

面对问题和挑战,需要有超前的战略眼光和持续用教育信息化促进我国教育现代化的勇气和决断力。教育信息化今后的发展必须集中有限的资金,整合相关的人才团队,制定切实的发展规划,根据有所为有所不为的原则,选择好战略突破点,让人们实实在在地感受到教育信息技术给教育发展带来的实惠和成效,自觉地推动教育信息化的可持续发展,在理论和实践上对世界教育信息化的发展做出中国人的贡献。本研究认为解决上述问题,最急迫和核心的任务是提高各级各类教育行政领导和学校领导的教育信息化领导力,使各方面的领导都能从应对社会变革对教育的要求出发,充分认识教育信息化对教育的影响,规划教育信息化的发展蓝图,采取切实措施保证教育信息化的投入(包括人力、资金),建设教育信息化相关制度,推动教育信息化的创新应用。国内外信息化的实践表明:信息化在某种意义上是一把手工程,只有充分发挥主要领导的规划力和落实力,才能使信息化从边缘走向推进改革的核心。

第四章
教育信息化发展规划的原则与目标选择

教育信息战略规划研究是集专家、一线教育工作者、教育管理者和社会各界关心教育信息化发展人士等多方智慧，推进教育信息化的过程。本研究的重点在于战略目标、战略任务以及战略突破口的确定及其实现的保障条件分析。希望能够为教育管理部门进一步形成战略规划文件提供有价值的参考意见。

4.1 战略规划要解决的重点问题和规划原则

4.1.1 战略规划重点解决的问题和阶段特征

推进教育信息化进入应用提高阶段，需要重点研究解决如何让信息技术全面融合于教育教学的全过程之中，在解决新时期教育均衡、优质和创新等关键问题上，发挥培养创新人才和促进教育改革的不可替代的作用。下一阶段的教育信息化将会显现以下两个基本特征。

创新动力作用逐步显现。信息技术与以往教育媒介和技术相同的是，它仍然具有工具性、辅助性作用。与以往教育媒介和技术不同的是，它不仅延伸了人们的肢体，还延伸了人们的大脑。在教育信息化推广普及阶段，已经初步奠定了信息化发展的物质基础（网络、平台与资源）和人力资源基础（师生的信息技术水平），教育信息化从无到有。下一阶段要从"有"到"优"，努力追求教育信息化的更好更快发展。因此，既要把信息技术作为一般工具，又要作为一种通用技术，促进其充分发挥应有的作用。既要把信息技术作为独立的学习对象、学科、领域建设，又要强调将信息技术深入学科教学、科学研究、教育管理和社会服务过程，在打造现代化教育中，发挥调整、变革和创新工作流程和工作机制的作用，在创新中推动和加强进一步的创新[1]。信息技术作为一种通用技术能带来整个经济

---

① 世界银行.中国的信息革命:推动经济和社会转型.经济科学出版社.2007.

的重构,它意味着根本性的变革,它带来的是技术发展的里程碑式的跳跃,应充分利用这一作用引领教育信息化的下一阶段发展。

普及与提高并举。到目前为止,我国教育信息化推广普及的任务仍然艰巨,中小学校的连网率还比较低,已经连网的中小学、职业学校、高等学校网络状况和网络设备也亟待更新换代。教育资源同时存在着在"不够用"和"不适用"的问题。日益丰富和完善的技术使已经完成了基本信息技术教育普及任务的师生,继续面临新的提高信息素养的任务。消除"数字鸿沟",让贫困地区和处于不利地位的社会群体获得信息技术的扶持问题仍将十分突出。然而,解决普及问题,不能简单地采用线性追赶发达国家和地区的方式,而要在动态发展中,不断通过合理地配置资源,寻求发展机会。要在一手抓普及一手抓提高的基础上,实现借助技术的历史跨越。一方面坚持信息技术深入学科,以解决技术使用的实效性为突破口,实现应用提高,让所有学科因信息技术而得益,并通过教育技术理论和实践创新,对至今为止国际仍在争议的教育信息化是否有利于提高教育教学质量问题做出中国人的科学回答。另一方面既要鼓励消化吸收外来技术更要鼓励自主创新,用中国教育信息化过程的技术创新和内容创新增强与世界的交流、沟通与竞争、交换,最终让每一个人都能因信息技术而生活得更美好。

4.1.2 战略规划的基本原则

在规划下一步教育信息化应用提高阶段的发展时,需要处理好优化结构、协调进程、促进公平三个问题,并把这些作为进一步做好具体规划的基本原则。

优化结构是指,从体系架构上考虑教育信息化,在继续充实和完善已经提出的框架的同时,进一步丰富各组成部分的内涵和任务,厘清边际。在下力气补短的基础上,发挥优势。目前在教育信息化五个内部发展指标中,"教育信息化政策和标准规范制定情况"和"教育信息技术应用状况"亟待加强。在硬件投入与软件投入、人力资源开发投入上比例失调,重硬轻软的问题没有得到有效解决,致使教育信息化效益发挥受到限制。这些都是优化结构需要解决的。

协调进程包括两个方面。一是教育内部各级各类教育信息化的进程、不同地区教育信息化的进程、教与学信息化和管理信息化的进程的协调,努力形成各方面相互沟通、相互支持和互为保障的关系。如国民教育体系建设与终身学习的学习型社会平台与资源的沟通与共享,基础教育的数字化学习与高校数字化学习之间的沟通,基础教育学生管理系统与其他层次学生管理系统的开发协作与数据共享。二是与社会信息化和其他行业领域信息化的进程协调,紧密结合社会信息化和行业领域信息化的要求,采取**适度超前**、**优先发展**

的策略,保证教育信息化取得实效,并对社会和经济发展提供人才支持和智力贡献。

促进公平是指,把教育信息化的投入向困难地区和处于不利地位的群体倾斜,与充分运用信息技术加强交流、协作和共享的优势相结合,关注农村地区和农民子弟、农民和进城务工人员拥有信息基础设施和相关资源的状况,加强东部地区、优质资源学校与这些地区的合作,推动优质教学资源的共享,促进公平享有信息资源,促进教育信息化区域协调发展。

4.2 战略方针的确定和总体目标选择

4.2.1 指导思想

根据阶段特征、战略重点选择的研究和分析,本研究建议的下一步我国教育信息化发展指导思想是:

以邓小平理论和"三个代表"重要思想为指导,贯彻落实"十七大"精神,按照国家教育发展战略和信息化发展战略的要求,继续加速教育信息化普及应用,为提高教育质量,推进素质教育,促进教育改革与创新,缩小"数字鸿沟",提供公平教育机会,办人民满意的教育提供重要保障;为完善现代国民教育体系,建立终身教育体系提供重要支撑;为建设人力资源强国、创新型国家,构建学习型社会,提高我国教育的国际地位和水平奠定重要基础。

4.2.2 战略方针

本研究提出的我国教育信息化发展战略方针为:"统筹规划、全面融合、深化应用、支撑创新"。

统筹规划是落实科学发展观,发挥信息技术优势,提高教育质量和效益的前提。统筹规划是体现教育信息化领导力的重要途径。只有加强应对变革的领导力,才能在落实科学规划中,调动各方面分步实施教育信息化的积极性和创造性。

全面融合是教育信息化的重要导向。全面融合就要积极促进信息网络与传统教育体系的融合,推动信息技术与教育教学过程相融合、与科学研究和社会服务过程相融合、与教育教学管理相融合,推动现代国民教育体系与终身教育服务体系协调发展。全面融合就要进一步研究和贯彻信息化的相关标准和规范,整合各级各类教育资源,实现教育资源优化配置、共享与服务。

深化应用是提高教育信息化程度的历史任务。坚持应用引领教育信息化发展,将信息技术深入应用到教学、科研和管理、服务的各环节,取得更好的实效,并引导教育基础设施和资源建设的循环上升。

支撑创新是教育为国家提供人才支持和智力贡献的必然要求。以教育改革与创新为动力,通过教育信息化,促进教育方法与模式的创新、科研创新和体制创新,充分发挥教育信息化的基础性、先导性、全局性作用,为建设创新型国家、实现中华民族的伟大复兴提供全方位的支持。

4.2.3 发展的目标

根据我国教育财政规划年度和事业发展计划安排,本研究提出的教育信息化的发展目标建议如下所示。

总体目标:经过努力,国家教育信息化投入达到教育总投入的5%;教育信息化水平整体上升到中等收入国家发展水平,有效支持教育优质、均衡和创新发展。

第一阶段目标(到2012年)

■ 建立结构清晰、协调发展的教育信息基础设施,包括教育网络、教育卫星、教育网格等,全面提升教育信息基础设施的利用率和普及率,实现"班班通,堂堂用"。

■ 形成支持师生教与学的若干系列化课程资源和有效的学科工具平台,建立教育信息资源开发、共享、利用机制,推动国家级教育信息资源服务体系的形成;加速向中西部和农村地区输送优质教育资源,促进教育均衡发展。

■ 在各级各类教育中,初步实现信息技术在教育教学中的深化应用,促进教育质量提高,探索创新型人才的培养机制、模式和方法。建立信息化环境支撑的协同教育科研环境,提升教育科研自主创新和服务社会经济发展的能力。大力发展教育电子政务,提高教育行政部门的监管能力、信息服务水平与网上办事能力,提高教育电子政务的公众认知度与满意度,降低教育行政成本。

■ 实现信息技术帮助学生会学、乐学;广大教师的信息技术与教育技术能力基本满足提高教育教学质量和自身专业发展的需要;巩固提高现有教育信息化队伍的素质,初步形成一支能够支持教育信息化进程的专业化队伍。

■ 推动教育信息化国家标准体系建设,建立标准研制、培训、推广、测试、认证的长效机制,推动标准的普及应用。创新管理体制,在各级教育行政部门和各级各类学校设立专门的信息化管理机构,统一规划、部署和协调教育信息化建设;建立符合教育信息化发展规律的建设和运行机制,确保教育信息化可持续发展。

第二阶段目标(到2020年)

■ 进一步提升教育信息基础设施的服务能力,包括教育网络、教育卫星、教育网格、无线通信网络、终端设备等,实现宽带上网、校校互连,形成无处不在的学习空间,实现"处处通,人人用"。

■ 形成支持师生教与学的各学科系列化、专业化课程资源和满足师生需求的学科工具平台,在国家级的教育信息资源服务体系基础上,形成国家教育资源网格,实现部门、行业间信息资源的互通,打造服务于社会的信息共享服务平台,提供丰富的资源内容,满足社会成员个性化学习需求。

■ 信息技术在各级各类教育的教学、科研、管理中得到广泛深入应用,整体达到中等发达国家的平均水平,建立遍及全国村镇、社区等的学习服务中心和学习点,提供社会化的教育公共服务,方便人们随时随地的个性化的学习,基本消除"数字鸿沟",构建信息技术支撑的学习型社会。

■ 全体国民的信息技术意识、素养和习惯能够支持其会学、乐学和终身学习与发展。通过培养免费师范生等措施,满足每所农村学校教育信息化人才的需要,形成可持续发展的信息化环境下教师教育模式、体系和制度。

■ 建立完善的国家教育信息化标准体系,形成教育信息化可持续发展的科学决策体系,信息服务水平和教育行政管理能力高效,管理机制公正透明。

第五章
战略任务以及战略突破口

5.1 战略任务总体描述

根据发展目标,教育信息化中长期的战略任务主要有:

■ 普及数字化学习,培养学习者借助信息技术分析问题和解决问题的能力与终身持续学习的能力。

■ 扎实开展国民信息技能教育,为实现国家信息化的各项任务提供各级各类信息化人才支持。

■ 建设教育服务平台,开展 E-science、E-research、E-services 体系研究和平台建设,培育和提升以高校为主的知识提供、科学普及和研究开发等方面的服务能力。

■ 推动教育电子政务发展,大幅度提升教育电子政务水平,形成较为完善的中央与地方协调一致、相互衔接的电子政务公共服务体系。

■ 开发共享教育资源,调动各类教育机构和社会力量开发高质量的教育信息资源,形成完善的技术标准,构建信息资源交流共享平台和机制,发挥学校教育的知识辐射作用。

■ 升级改造基础设施,拓宽信道容量,提高服务质量,为逐步实现人人学习、随时随地学习提供保障。

■ 建设信息安全体系和先进网络文化,保障信息资源健康安全,保护单位和个人的信息安全,倡导文明的网络生活,建设与时俱进的先进文化。

这些任务需要落实到各级各类教育的信息化发展之中。

5.2 高等教育信息化

高等学校的教育信息化任务应以教育和科研的创新应用为导向,以数字校园建设为基础,培养高素质创新人才,支撑创新型国家建设,为继续教育提供信息化支持,在资源建设和关键技术的研发中发挥核心作用。具体任务建议如下所示。

> ➤ 普及混合式教学模式,推进校际课程互选

以提高高等教育教学质量为目标,围绕学科建设和素质教育,促进信息技术与课堂教学的整合,基本普及以混合式学习为主的教学模式,建设与之相适应的现代化教学支持服务体系;通过网络,促进校际教学资源共享、课程互选和学分互认与转移。

> ➤ 推进高等学校数字校园建设

全面推进高等学校数字校园建设,进一步提升高校特别是省属高校(包括高职高专院校)的校园网络出口带宽,增加网络接入点数(包括有线、无线接入)和师生计算机终端;推动高校信息化教学、科研与电子校务的开展,实现教学、科研、管理、校园文化与生活的信息化,提高高校办学质量与效率,提升管理水平与服务能力;建设校园统一的信息平台和系统,整合学校工作流程,消灭"信息孤岛",构建安全稳定的信息化环境,建设先进网络文化,养成师生文明的网络生活习惯。

> ➤ 建设国家高等教育资源库

充分调动社会资源广泛参与,利用虚拟现实等先进技术,建设和整合万门以上覆盖不同学科、专业、层次的高质量高等教育数字化教学资源,形成国家高等教育资源库。通过网络,实现仪器设备、课件、图书、藏品等各种高等教育资源的集成共享和应用系统互操作,实现校际各种资源共享。

> ➤ 加强信息技术相关学科产学研相结合

充分利用高校教学科研优势和中国教育和科研计算机网的优势,紧密结合信息技术产业发展以及信息技术与传统产业融合的要求,进一步改革信息技术相关专业人才培养模式,加强产学研结合,使高校继续发挥信息技术应用创新的主力军作用,为国家输送大批合格的专业人才和领军人物。

> ➤ 建设网上科研协作支撑环境

提高实验室、工程中心、工程研究中心等高校科研机构的信息化建设水平,建设虚拟实验室等网上科研协作支撑环境,加强科研合作和联合攻关,促进高质量创新人才培养,提高高校科研水平和自主创新能力。

> ➤ 持续推进高等教育现代远程教育建设

持续推进高等教育现代远程教育建设,进一步扩大现代远程高等教育试点规模,使现代远程高等教育从点到面逐渐铺开,建成能够支持千万级以上成人在线学习的远程学历教育体系,形成依托多元化现代远程教育公共服务体系的办学格局。

5.3 职业教育信息化

职业教育信息化应以就业和建设人力资源强国为导向,建设支撑实用技能型人才培养的资源库;推广应用创新课程资源,促进不同学校、不同地区、相同专业人才培养的规范化和流程化整合,提高人才培养质量和效益,为国家实现从工业化向现代化迈进提供人力资源保证。具体任务建议如下所示。

➢ 推进技能型人才培养信息化

以人才培养为根本,以"课程创新"为关键,适应国家以信息技术改造传统产业的战略需要,加快中等职业教育学校传统专业课程的信息化改造步伐,建设职业教育网上教学和实训平台,开展远程中等职业学历教育,形成可持续发展的信息化技能型人才培养环境,培养工业化、城镇化发展需要的技能型人才。通过远程教育应用和集团化办学,优化职业教育资源结构和区域配置,弥补扩招带来的生均办学条件不足,支撑职业教育规模的扩大和质量的提高。

➢ 建设国家职业教育资源库

大力推动国家职业教育资源库建设实施,建成以国家技能型紧缺人才培养课程资源为重点,涵盖职业院校主要专业门类、行业企业在职职工培训、社会成人教育的信息资源,建成国家、地方和学校三级互补、结构合理、动态更新和高效共享的国家职业教育资源库,构建职业教育资源应用服务体系,为职业教育、成人教育、职工培训、继续教育和终身学习提供优质教育信息资源。

➢ 改造中等职业学校信息化教学基础设施

加强中等职业学校,尤其是农村职业学校的信息化教学基础设施建设,使所有中等职业学校建成校园网络,并接入互联网,使所有学校都拥有计算机教室,所有教室都拥有满足教学需要的信息化学习设备。

5.4 基础教育信息化

基础教育信息化应以缩小"数字鸿沟"为重点,以教师继续教育为主线,以推广多媒体教学和在线学习为载体,继续推动优质资源的建设和共享;提倡博采众长、自主创新、深入学科、讲求实效;选择学科突破口,实施以信息技术提高教育教学质量的项目;为国民科学素质提高和培养创新型高级专业人才奠定基础。

➢ 以农村学校为重点,继续完善基础设施建设,缩小"数字鸿沟"

普及"班班通、堂堂用"的多媒体教学环境,确定义务教育公办学校生机比标准以及达到标准的进程。改善城乡中小学接入互联网的条件,继续发展和完善农村中小学现代远程教育基础设施,为农村中小学构建一个功能适宜、使用方便、资源丰富、注重实效的远程教育环境。采取有力措施实现优质教育资源免费共享，提升农村教育现代化水平，提高农村教育质量。

➢ 普及信息技术教育和多媒体教学，实施以信息技术提高教育质量的应用项目

继续完善中小学信息技术教育，普及信息技术必修课。与时俱进地更新信息技术课的内容，并使其与各学科教学密切结合。大力推进信息技术在教育教学中的应用，普及多媒体教学，探索新型信息化教学模式。提倡在信息技术支持下开展探究式学习，提高学生分析问题和解决问题的能力，增强学生的实践能力和创新精神；选择一两个学科为突破口，实施用信息技术提高教学质量和学生成绩的研究和实践项目。通过信息技术与教学过程的有机整合，不断提高教学质量，推进素质教育。

➢ 继续推进和完善教师教育技术能力建设计划

加大对全体教师教育技术能力培训的力度。根据不同学科的共性与特性的需求，通过不断完善培训教材和考核要求，引导教师获得运用与学科密切相关的信息技术开展教学的能力。通过信息技术的应用，减轻教师负担，提升教学效果，使教师能够集中精力于创造性的教书育人工作。推广远程课程与校本培训相结合的混合学习方式，鼓励教师结合本学科教学实践参加在线学习交流。提倡教师在学习和教学实践中博采众长，吸收借鉴各种行之有效的教学理念、教学模式和策略，把传统的教学方法和经验与现代信息技术结合起来，主动进行教育教学改革。建设信息技术教师与学科教师共同参与的校本教育技术研究和实践团队，帮助教师运用自主学习和合作学习形式，提高教育质量和专业水平。

➢ 建设国家基础教育资源库及资源共建共享服务体系

以不断满足全面推进素质教育、未成年人思想道德教育、基础教育课程改革等重点工作需求为出发点，构建内容丰富、结构合理、质量高、全面开放的国家基础教育资源库。国家免费持续提供义务教育阶段的基本教育资源，开发适用于学前教育、特殊教育的优质资源。支持学科教学平台研发，针对不同学科组织大学和其他研究开发力量，分工合作，博采众长，自主创新，研发既能用于教学和学习又能支持资源建设的学科平台，以提高各学科教学资源的质量和开发工作的效益。

建设全国优质基础教育信息资源共建共享服务体系，促进优质资源在学校之间、东西部地区之间和城乡之间的开放共享，利用多种途径促进优质教育信息资源向农村地区的输送，促进义务教育均衡发展。建立公开透明的教学资源评估机制和制度，遴选社会优质资源，供学校和师生选择使用。

➢ 建设和完善农村中小学技术支持服务体系

继续建设和完善全国农村现代远程教育支持服务体系，结合信息技术课程改革，落实信息技术教师兼任教育技术工作人员的编制和待遇，巩固基层服务网络；实现以县为基础，省与国家相互联动的服务体系，为农村学校设备运行维护、资源提供、应用指导等方面提供及时、便捷和低成本的服务，为农村中小学现代

远程教育的实施和可持续发展提供可靠保障。

5.5 教育服务信息化

教育服务指主要以收取学费等形式提供服务并回收服务成本，直至获得服务利益的教育形式。为分析问题方便，本研究的教育服务不包括基础教育、职业教育和高等教育学校提供的全日制学历教育。

教育服务信息化应以国民教育体系的办学机构为核心，充分利用国家的信息化基础设施，构建为全民终身学习服务的信息化支撑平台，逐步实现任何人在任何地点都可以获得所需要的学习机会和资源。

➢ 建设城乡基层文化、科技和学习培训中心

依托农村中小学信息化平台和县级职教中心（农村职业学校），在全国农村建成集农村文化传播、科技推广和学习培训为一体的综合信息中心，培养"有知识、懂技术、会经营"的新型农民，服务于社会主义新农村建设。依托城市社区中心、职业学校和成人培训机构，构建遍及全国城市社区的终身学习环境，为社区居民提供教育、培训、生活、工作等各方面的个性化服务，帮助学习者参与学习互动活动，提高学习有效性。继续倡导通过任务驱动方式开展各种技能培训，不断提高国民信息素养和信息技术应用能力。

➢ 建设终身学习公共服务平台

建设面向全民学习、终身学习的数字化学习港，建成满足社会经济发展和人们多样化需求的终身学习公共服务平台，促进各级各类教育资源面向行业、企业和全社会的辐射，逐步实现规范的、全国可共享的学习资源查询和学习指导服务、远程学习服务。提供包括学分、学历和学业、证书等信息的存储、流转和认证的服务，形成全国性的学分银行，形成学习者终身学习账号，实现各级各类教育之间的信息流转和信息共享，鼓励人人学习，终身学习，为终身学习提供丰富的教学资源和支持服务。

➢ 试点跨境远程教育

试点利用 WTO 跨境支付的规则，遴选优质课程，为境外学习者开放远程学习或混合学习方式，方便他们注册我国大学远程学习。

5.6 战略推进的关键环节和战略突破口

5.6.1 继续把推动应用作为教育信息化的优先领域

面对教育信息化未来的繁重任务，确定关键环节和优先发展领域，对于战略

实施取得预期成效具有重要作用。从总体上,要坚定不移地坚持应用为先,以应用引导信息化的全面发展。这既是落实信息化发展国家战略的要求,也是教育信息化应用提高阶段的紧迫任务。

在各级各类学校教学和社会服务中普及信息化的应用,推动大规模、持续性的需求提升,是教育信息化首先需要研究的问题。多项调查表明,学生信息技术应用更多是信息浏览和娱乐,学习方面的应用还不多。只有通过进一步采取各种鼓励措施,提高各级各类教师的应用水平,带动广泛的教学应用,这一问题才有望从根本上得到解决。

推进电子政务是用教育管理信息化带动教育信息化的有力措施。教育信息化需要领导的规划力、落实力。让各级各类教育行政部门和学校领导都从教育电子政务以及由其推动的教育管理信息化中,得到科学化、民主化和提高办事效益的益处,教育信息化必将会得到更多的支持和更强力的推动。

可以说,普及数字化学习和推动电子政务是教育信息化普及提高阶段继续腾飞的两翼。

5.6.2 教育信息化发展的突破口

根据以上目标和任务,教育信息化要在应用优先的基础上,着力实现在以下方面的突破,消除发展的瓶颈,促进教育信息化的健康发展。

➤ 首先要把大力推进基于信息技术的教师继续教育作为我国教育信息化的突破口

当前,教育信息化深入发展急需解决的问题是加强信息技术对教育教学改革的支持力度,促进信息技术的有效应用,推进教育的均衡发展。而解决以上问题的关键在于大力推进教师的继续教育,只有着眼于广大教师群体的专业发展,提升他们的专业素质,这个群体才能成为教育信息化最先的受益者、依靠者、积极宣传者和自觉推动者。抓住教师的继续教育就抓住了教育可持续发展和教育信息化发展的关键,容易取得各方面的认同,必将极大改变当前教育和教育信息化的现状,以教育信息化促进教育现代化。

解决这个问题主要要深入学科教学,加大对全体教师教育技术能力的培训力度。第一,根据教育信息技术的进展,针对学科特点,在广泛吸取有关专家和一线教师意见的基础上,建立或修订各学科中小学学科教师教育技术技能标准。需要特别强调的是,达到中小学学科教师教育技术技能标准,是中小学教师任职的基本资格条件之一;学科教育技术能力是学科教学能力不可或缺的组成部分。在培训、考试与认证工作中,要深入学科,针对不同学科教师提出不同的内容标准和要求,例如不同学科教师培训和考核中所用的软件应当有所不同。第二,中小学教师教育技术技能的培训内容,要适应教师的教学工作特点,要密切结合教师的学科教学实际,由学科教学专家、教育信息技术专家与优秀一线教师共同制订培训计划。在过去培训的基础上,将培训的重点由帮助教师掌握信息媒体的一般操作技能,向帮助教师学会发挥与学科密切相关的信息技术的优势、实施信息技术与课程及学科教学整合、创造性地在学科教学中有效运用教育技术、革新学科教学转移。培训内容要针对教师的具体学科和实际水平有的放矢,要提供多种选择,允许教师结合自己的学科和水平选择合适的内容。第三,要增加"中小学教师教育技术技能标准"培训经费支持。在各级政府的教育经费预算中,应设立"中小学教师教育技术技能标准"培训专项经费。"中小学教师教育技术技能标准"培训的专项经费,在教育信息化建设总经费中应有一定比例,例如不少于30%。第四,要遵循成人教育和在职教育的特点和规律,从教师的实际出发,采取以校本培训为主、以远程教育为主、以自学为主等切实可行的培训方式开展培训工作。在实施"中小学教师教育技术技能标准"培训的时候,要努力做到教学方式体现先进的教学理念,要选择适合能力培养的教学模式和策略,学习方式要多样化,考试制度要严格。第五,建立教师继续教育网站,对中小学教师实行可持续的全员的远程培训。大力开发不同学科的教师继续教育教材和资源,组织专业的和业余的信息技术培训辅导员队伍,及时在网上回答教师在学习和应用信息技术中所遇到的问题。充分发挥网络在教师继续教育中的作用,使教师信息技术培训经常化,并与日常教学实践紧密结合起来,与教学资源建设紧密结合起来,在全国教师中共享培训所用的优质资源,不断提高和优化培训教材和资源。

➢ 中国教育和科研计算机网(CERNET)需要全面升级

CERNET 的网络流量以每年翻一番的速率增长,在网络传输能力、主干网带宽、网络管理和安全保障服务、公共网络应用支撑能力等方面远远不能满足我国教育和科研的发展需求,线路冗余与设备冗余严重不足,与国际国内其他网络的互连互通存在瓶颈。

➢ 中国教育卫星宽带传输网(CEBSat)急需发展双向平台

由于卫星网络对广大西部及农村偏远地区的广泛覆盖和高可达性,CEBSat 对于提升我国广大西部及农村偏远地区教育质量,促进教育公平有不可替代的优势。

CEBSat 在 2000 年启动初期,其技术达国际先进水平,在国内具有绝对优势。但随着卫星 IP 技术的发展及普及,CEBSat 在技术体系没有后续更新情况下,已较多落后于国际发展,其国内优势也日渐丧失。

近几年来,基于卫星双向通信技术,国际上卫星直播应用和卫星互联网接入飞快发展,Ka 频段应用日益普及,DVB-S2 标准日益推广,低价的智能双向终端技术趋于成熟;欧洲 SES ASTRA 公司已经成功地在欧洲 9 个国家发展了众多的 ISP 服务商;而在美国有约 1/5 的人可通过卫星实现宽带上网;谷歌与汇丰银行以及国际有线电视集团 Liberty Global 推出了名为"O3b Networks"的网络计划,拟发射 16 颗卫星为世界欠发达地区的 30 亿人口提供上网服务。

由此可见,CEBsat 的单向传输体系不能满足我国卫星远程教育发展的需要,当务之急是进行体系更新,发展卫星双向平台,并推动教育直播卫星的发射,与此同时是争取国家对卫星远程教育应用给予政策倾斜,以解开政策限制。

在实现卫星双向通信后,卫星教育信息化建设将是实现广大西部及农村偏远地区新媒体跨越式发展的最快捷途径,可以解决偏远地区上网成本高的问题。

> 建立全国统一的学生卡,继而发展为终身学习卡

目前一些城市的教育部门已建立了统一的学生管理系统,使用了学生卡。学生卡带动了很多教育管理业务流程的改造。从全国一盘棋角度考虑,地区的学生卡具有一定的局限性,当学生流动的时候,学习记录不能随着流通。学生卡未来可以发展成为终身学习卡,或者与市民证、身份证融合。

即使是各地的学生卡,也需要考虑其与当地其他市政信息化系统的结合,比如大病保险、公交系统等,从而最大限度地利用信息化带来的资源共享。

国家信息化推广小组专家高新民教授认为,市民卡已经证明可以带动多个行业的信息化。学生卡的推广和应用,也必将推动教育信息化关键应用的推广发展。

> 建立健全各级国家级教育资源中心及运行管理体系

在国家级资源建设体系方面已经有一些项目取得了一定的成功,但整体上优质教育资源建设还未能形成良性发展态势,没有形成自主运营的资金链、没有形成需求导向、质量优先的建设意识,过于追求数量。大而全的建设方式,在资金有限的情况下,正在产生着资金浪费。

从国外经验来看,英国、韩国都有半官方性质的教育信息化统领性专责机构,充当政府、学术界、产业界之间的中介和桥梁。英国 BECTA 和韩国 KERIS 通过各种调查与研究为政府提供建议,协助政策的制定和实施;运作大量的资源服务网站为地方教育机构、学校及师生提供丰富的教学科研资源,促进应用和实施,并提供咨询和建议。两者还为产业的发展提供相关的政策咨询、规格和标准说明。BECTA 还提供工具和采购计划,以保证行业内有适当的技术促进学习,并与 BESA、EMAP 和 EC&T 一起设立 BETT 奖,以表彰在教育市场中具有标志意义的电子产品。KERIS 则通过质量认证和 E-learning 展示会支持私营产业的发展。在我国如何发挥教育行政部门支持的非营利机构在资源建设与评价、推荐中的作用,仍需要进行机制创新。

第六章
实现战略规划的保障条件

本研究认为,要实现教育信息化的普及提高发展目标,需要以下保障条件和环境支持。

6.1 领导力保障

建议把教育信息化建设作为各级教育行政部门和学校领导的"一把手工程",并构建教育信息化的 CIO 管理体系,提升教育信息化的领导力。

教育部应在强化教育信息化领导小组的基础上,建立实体性的信息化办公室,在涉及跨地区和跨教育类别的、需要协调和组织协作的任务推进和落实中,切实发挥宏观指导和统筹作用,形成全国教育信息化的指挥中心;进一步厘清部属事业单位承担政府委托推进信息化的职责,分工合作,提高效益,减少低水平重复建设,提高为地方教育行政部门、基层单位、学校以及师生的服务质量。

落实省级以及市、县教育信息化"一把手"责任,完善区域教育信息化统筹机构,落实编制、落实职责、落实人员和经费。充分发挥电教机构、网络信息中心、教研部门、师训部门推进教育信息化的优势,整合力量,共同为教育信息化发展作贡献。探索形成"地区性教育信息化推广服务中心",形成集约化的区域教育信息化服务机制。

6.2 经费投入保障

要区分公共服务、准公共服务以及个人、团体消费的不同,形成多元化教育信息化投入格局,建立可持续的教育信息化运营和发展经费来源机制。

将教育信息化建设列入国家、各级政府以及各级各类学校教育经费预算,实行全周期预算,形成稳定的财政资金投入渠道。重点解决义务教育学校、弱势群体教育信息化以及重大基础设施建设、关键技术研发推广、安全系统建设、标准和政策研究等方面的经费。并在各级各类教育日常经费中,明确政策要求,使教育信息化投入能够达到教育总投入的 4%～5%,并逐步实现硬件、软件、人力资源提升三个方面的合理投入配比,提高投入产出效益。

在个人和团体消费范围内,作好服务,鼓励消费。借鉴国际经验,建立和完善投融资激励机制,运用市场力量吸引社会团体、企业、个人以及国外投资,促进教育信息化工作持续稳定地健康发展。

6.3 人才队伍保证

建设专兼职相结合的教育信息化专业队伍。在大学和具有一定规模的职业学校、中小学校设立 CIO 和教育技术机构。配备既懂技术又知晓教育和管理的人才,承担学校 CIO 工作。按一定的服务内容和范围核定教育技术机构的编制,落实人员和经费。

加强各级教育技术机构人员配备,实行持证上岗和标准化服务。结合农村教师编制核定,选拔一批技术优良、懂得有效教学的一线教师,不脱离教学第一线地承担基层学校信息技术环境下的教学指导任务,适当减少其在本校的教学工作量。

6.4 监测与评价制度保证

将教育信息化主要指标列入各级各类学校办学条件的监测与评价。目前尽管国际主要发达国家建设的重点已经不再是提高生机比等硬件设施,但提高生机比和让所有的学习者都能获得良好的信息技术学习环境,仍然是中国和许多发展中国家努力的目标。本研究基于现状和发展,提出了建议指标(见表三),希望能够纳入教育统计,并用制度保障这些指标的有效获得和对我国各级各类学校、各地区乃至全国的教育信息化发展监测与评价。这不仅有利于提高教育信息化水平,也将有利于逐步缩小和最终消除数字化鸿沟。

建议列入高等教育统计的指标有:

➢ 年度信息化经费投入,包括信息化建设经费投入和信息化运行维护经费投入(万元)

➢ 师生个人计算机总数(台)

➢ 多媒体教室数(个)

➢ 信息化设备总价值(万元)

➢ 用于连网的可用网络端口数量,即网络信息点数(个)

➢ 校园网对外出口总带宽(Mbps)

表三　学校信息化状况统计建议指标与教育化要素的对应关系

分析层次		高等教育	基础教育（含中等职业教育）
1 教育信息化基础设施	1.1 教育信息化国家级公共基础设施建设情况		
	1.2 教育信息化省级公共基础设施建设情况		
	1.3 校园信息化基础设施建设情况	师生个人计算机总数（台） 多媒体教室数（个） 信息化设备总价值（万元） 用于连网的可用网络端口数量网络信息点数（个） 校园网对外出口总带宽(Mbps)	师生个人计算机总数（台） 多媒体教室数（个） 校园网对外出口总带宽(Mbps)
2 数字化教育资源	2.1 图书馆电子资源建设及其应用	学校引进（包括购买、租用和受赠）或自建（包括扫描、转换和录入）的，拥有磁、光介质或网络使用权的数字形态，可供教师和学生使用的数字资源数量	
	2.2 教育资源的建设和应用	在教学过程中使用了学校提供的网络教学平台开展教学活动的课程门数（门）	
3 教育信息化技术应用	3.1 管理信息化	学校各类管理信息系统，如教务管理、科研管理、人事管理、学生管理、财务管理、设备管理等所有日常管理工作中应用的信息系统数据库中存放的数据总量(GB)	
	3.2 教学信息化		
	3.3 科研信息化		
	3.4 社会服务信息化	学校开设的电子邮件系统用户数（个）	

续表

	分析层次	高等教育	基础教育（含中等职业教育）
4 教育信息化人才培养	4.1 教育信息化人才培养状况	专职从事学校信息化建设、技术支持、运行维护工作的人数。	负责教学"信息技术"课程、学校信息化建设与运行维护的正式编制教职工人员人数
	4.2 师生信息技术素养培养计划	参加学校各类信息系统使用和计算机技能培训的人次，包括学生和教职工	相应年级的学生平均每周用于"信息技术"课程学习的小时数
	4.3 教师信息技术教学培训		接受过信息技术相关培训的学校专职教师数（个）
5 教育信息化管理及政策机制	5.1 信息化规划与政策制定情况		
	5.2 信息化年度经费或资金投入	年度信息化经费投入，包括信息化建设经费投入和信息化运行维护经费投入（万元）	
	5.3 信息化领导执行机构情况		
6 教育信息化产业发展	6.1 政府导向和推动情况		
	6.2 产学研发展情况		
	6.3 重要协会组织介绍		
	6.4 国际合作情况		

➢ 学校开设的电子邮件系统用户数（个）

➢ 在教学过程中使用了学校提供的网络教学平台开展教学活动的课程门数（门）

➢ 学校引进（包括购买、租用和受赠）或自建（包括扫描、转换和录入）的，拥有磁、光介质或网络使用权的数字形态，可供教师和学生使用的数字资源数量

➢ 学校各类管理信息系统,如教务管理、科研管理、人事管理、学生管理、财务管理、设备管理等所有日常管理工作中应用的信息系统数据库中存放的数据总量(GB)

➢ 专职从事学校信息化建设、技术支持、运行维护工作的人数

➢ 参加学校各类信息系统使用和计算机技能培训的人次,包括学生和教职工

建议列入基础教育(含中等职业教育)统计的指标有:

➢ 年度信息化经费投入,包括信息化建设经费投入和信息化运行维护经费投入(万元)

➢ 师生个人计算机总数(台)

➢ 多媒体教室数(个)

➢ 校园网对外出口总带宽(Mbps)

➢ 学校引进(包括购买、租用和受赠)或自建(包括扫描、转换和录入)的,拥有磁、光介质或网络使用权的数字形态,可供教师和学生使用的数字资源数量

➢ 相应年级的学生平均每周用于"信息技术"课程学习的小时数

➢ 接受过信息技术相关培训的学校专职教师数(个)

➢ 负责教学"信息技术"课程、学校信息化建设与运行维护的正式编制教职工人员人数

在监测信息化环境建设的同时,还要认真监测与评价教育信息化对课程教学、人才培养等方面的影响,逐步引导信息技术有效推进素质教育和提高教育质量,避免技术的误用和滥用,促进先进网络文明建设。

6.5 教育信息化产业环境支持

教育信息化需要信息技术的不断创新和创新性应用,需要硬件业、软件业和服务业相应的产业支撑。建议扶植民族品牌的优质产品的研发和推广应用,逐步增加优秀国产软件的应用比例。改进教育技术产品的试用、鉴定以及宣传推广办法,规范教育市场,保护知识产权,鼓励资源共享,让所有师生都能用上最好的教与学软件。

建议采用国家统一采购或国家推荐、地方政府采购与学校自购相结合等方式推动教育信息化产业。研究者分析,优秀的学科教学软件采用政府统一采购的方式,可以使学校降低使用成本;可以使开发企业降低宣传推广费用,回收成本并收获一定的利润,留出一定资金投入再研发;可以使全国教育资源有效地克服教育软件低水平重复的问题,逐步提高教育资源建设的针对性和有效性。而在统一采购和推荐采购中,必须探索如何创造资源优胜劣汰和企业竞争发展的

平台和环境。可以通过参与竞标者在指定的网上公布试用软件,让广大师生试用,组织用户网上讨论,最后收集分析用户意见,让用户参与决策等方式,提高软件评审过程透明度。有专家预计,如果每年组织一次国家统一采购软件的选拔,几年之内,全国师生都会用上较好的软件。中国教育软件就会越做越好,精品必然脱颖而出,而且将会走向世界。

郑 重 声 明

高等教育出版社依法对本书享有专有出版权。任何未经许可的复制、销售行为均违反《中华人民共和国著作权法》，其行为人将承担相应的民事责任和行政责任，构成犯罪的，将被依法追究刑事责任。为了维护市场秩序，保护读者的合法权益，避免读者误用盗版书造成不良后果，我社将配合行政执法部门和司法机关对违法犯罪的单位和个人给予严厉打击。社会各界人士如发现上述侵权行为，希望及时举报，本社将奖励举报有功人员。

反盗版举报电话：(010)58581897/58581896/58581879
传　　真：(010)82086060
E - mail：dd@hep.com.cn
通信地址：北京市西城区德外大街4号
　　　　　高等教育出版社打击盗版办公室
邮　　编：100120

购书请拨打电话：(010)58581118